W0385167

In unseren Veröffentlichungen bemühen wir uns, die Inhalte so zu formulieren, dass sie Frauen und Männern gerecht werden, dass sich beide Geschlechter angesprochen fühlen, wo beide gemeint sind, oder dass ein Geschlecht spezifisch genannt wird. Nicht immer gelingt dies auf eine Weise, dass der Text gut lesbar und leicht verständlich bleibt. In diesen Fällen geben wir der Lesbarkeit und Verständlichkeit des Textes den Vorrang. Dies ist ausdrücklich keine Benachteiligung von Frauen oder Männern.

Impressum

ejw Evangelisches Jugendwerk in Württemberg

© 2. Auflage 2018
buch+musik ejw-service gmbh, Stuttgart
Printed in Germany. All rights reserved.

buch+musik ejw-service gmbh, Stuttgart
www.ejw-buch.de
ISBN Buch 978-3-86687-179-3
ISBN E-Book 978-3-86687-180-9

RPE Religion-Pädagogik-Ethik GmbH, Stuttgart
www.rpe-online.com
ISBN Buch 978-3-938356-65-4

Lektorat: Punkt.Landung, Mirja Wagner, Marburg
Umschlaggestaltung: buch+musik, Heidi Frank, Stuttgart
Gestaltung und Satz: buch+musik, Daniela Buess, Stuttgart
Bildrechte Umschlag und Deckblätter: iStock: coprid,
TimZillion, urfinguss, Vladimirovic, winterling, xxmmxx, Zocha_K
Bildrechte Autorenfotos: privat
Druck und Gesamtherstellung: Kösel GmbH & Co. KG, Altusried-Krugzell

Thomas Ebinger | Judith Haller | Stephan Sohn

TOOL POOL

180 bewährte und neue Methoden für die Konfi- und Jugendarbeit

buch+ musik

RPE

Vorwort und Dank

Methodensammlungen gibt es wie Sand am Meer. Allerdings eher für den schulischen Unterricht. Praktiker und Praktikerinnen der Konfi- und Jugendarbeit müssen sich diese aus verschiedenen Quellen mühsam zusammensuchen. Gerade Berufsanfänger/Berufsanfängerinnen haben immer wieder den Wunsch nach einer solchen Sammlung geäußert.

Dass es bisher kein Buch gab, liegt sicher auch daran, dass viele gute Anregungen online verfügbar sind. Wer aber einmal gezielt angefangen hat zu suchen, macht oft die Erfahrung: man versandet im Halbgaren und schlecht Sortierten.
Was wir uns vorgenommen haben, ist fast schon halsbrecherisch: Wir wollen die gleichen Inhalte als Buch und Internetseite zugänglich machen. Jedes Medium hat seine Vorteile und seine Fans. Wir danken dem Verlag buch+musik, dass er sich auf dieses Wagnis eingelassen hat und bei diesem Projekt nicht nur auf die Zahlen schielt, sondern tatsächlich den Nutzen für die Leute vor Ort im Blick hat.

Bei der Konzeption des Projektes und dem Aufbau der Internetseite hat uns Jörg Lohrer von rpi virtuell sehr unterstützt. Er hat auch zwei Methoden beigesteuert. Vielen Dank dir, lieber Jörg!
Herbert Kolb hat uns freundlicherweise seine umfangreichen Materialien zum Theologisieren mit Konfis zum Download zur Verfügung gestellt.
Ein herzliches Dankeschön auch an unsere Lektorin Mirja Wagner, die aus dem, was wir uns von der Seele geschrieben haben, gute Texte gemacht und in einer riesigen Fleißarbeit die Register erstellt hat.
Am Anfang dieses Buches stand auch das Methodenregister aus dem vom PTZ Stuttgart und dem RPI Karlsruhe beim Calwer Verlag herausgegebenen umfassenden Kompendium für die Konfiarbeit „Anknüpfen – Praxisideen für die Konfirmandenarbeit". Wir freuen uns, dass die Calwer Verlagsbuchhandlung RPE Religion – Pädagogik – Ethik GmbH als Kooperationspartner das vorliegende Buch in sein Programm aufgenommen hat und damit die gegenseitige Ergänzung beider Werke zum Ausdruck kommt.

Einen Wunsch wollen wir gleich hier im Vorwort loswerden: Wir sehen dieses Buch eher als Auftakt denn als Abschluss. Jeder/jede, der/die weitere gute Methoden, Varianten oder Verbesserungsvorschläge zu den hier abgedruckten kennt, ist herzlich eingeladen, sie auf der Internetseite zu ergänzen. So könnten mögliche weitere Auflagen dieses Buches eine echte Gemeinschaftsarbeit sein von Menschen, denen eine abwechslungsreiche, inhaltlich gefüllte Konfi- und Jugendarbeit am Herzen liegt.

Thomas Ebinger Judith Haller Stephan Sohn

Thomas Ebinger, Judith Haller und Stephan Sohn im August 2016

INHALTSVERZEICHNIS

Unter jeder Kategorie werden zunächst die Methoden aufgeführt, die dort ausführlich beschrieben sind. Auf weitere passende Methoden aus anderen Kategorien wird zusätzlich verwiesen.

EINLEITUNG

DIE METHODEN

KATEGORIE: **KENNENLERNEN**

KATEGORIE: **EINSTIEG**

KATEGORIE: **WARM-UP**

Zu dieser Kategorie passt auch

KATEGORIE: **GRUPPENEINTEILUNG**

KATEGORIE: **GESPRÄCH**

Zu dieser Kategorie passt auch

KATEGORIE: **KREATIV**

Zu dieser Kategorie passt auch

KATEGORIE: **SPIRITUALITÄT**

Zu dieser Kategorie passt auch

KATEGORIE: **SPIEL**

Zu dieser Kategorie passt auch

KATEGORIE: **OUTDOOR/UNTERWEGS**

Zu dieser Kategorie passt auch

KATEGORIE: **TEXT**

ANHANG

Einleitung

Für wen haben wir dieses Buch geschrieben?

Studien bei Lehrern/Lehrerinnen zeigen, dass man in den ersten fünf Praxisjahren auf einen Stand der Fähigkeiten kommt, der dann lange Zeit stabil bleibt und sich kaum noch ändert. Deshalb lohnt es sich, hier früh zu investieren und das eigene Handlungsrepertoire zu erweitern. Und darum haben wir auch die aus unserer Sicht seit langer Zeit bewährten Methoden aufgenommen. Wie Jugendliche leben, hat sich durch den digitalen Wandel in letzter Zeit extrem schnell verändert. Seit genau zwanzig Jahren gibt es das Smartphone, heute hat praktisch jeder Konfirmand / jede Konfirmandin eines, viele sind „always on", ständig virtuell vernetzt. Welche Folgen das für eine Konfi- und Jugendarbeit hat, die zu Recht auf Face-to-Face-Kommunikation setzt, lässt sich heute noch nicht absehen. Vielleicht gewinnen die „alten" Methoden gerade dadurch wieder an Charme, dass sie ganz andere Spaß- und Lernerfahrungen ermöglichen als die neuen, gegen die wir übrigens gar nichts haben. Einige von ihnen haben wir aufgegriffen und sind fest davon überzeugt, dass jeder/jede hier etwas finden wird, das er/sie so noch nicht kennt.

Etwas Besonderes und Einmaliges ist die Kombination von Methoden für die Konfiarbeit und die Jugendarbeit. So etwas wäre früher undenkbar gewesen. Konfirmandenunterricht orientierte sich methodisch stark am Religionsunterricht und war stark vom Katechismus geprägt, Jugendarbeit setzte schon immer mehr auf Spaß und Mitbestimmung, kreative und erlebnispädagogisch orientierte Methoden. Doch in den letzten Jahren hat sich die Konfiarbeit deutlich auf die Jugendarbeit zubewegt. Es ging weg von kognitiv orientierten Methoden hin zu einem ganzheitlichen Ansatz, der viele Arbeitsformen der Jugendarbeit aufgegriffen hat und so viel wie möglich mit der Jugendarbeit vor Ort kooperiert. Eine zweite Entwicklung verläuft parallel: selbstständige Jugendarbeit ist in den letzten Jahren unter Druck geraten. Die zeitliche und mentale Belastung durch die Schule hat zugenommen. So gibt es leider weniger selbstständige Gruppen als früher. Oft ist die einzige Jugendarbeit, die in vielen Gemeinden existiert, die Konfiarbeit mit einer gut aufgestellten Konfiteamerarbeit. Auch diese Konfiteamer haben wir mit unserem Buch im Blick.

Methoden aus einem Buch kennenzulernen, ist immer nur die zweitbeste Lösung. Viel besser ist es, selbst einmal mitgemacht zu haben, bevor man andere anleitet. Dabei bekommt man das beste Gespür für Stärken und Schwächen einer Methode. Deshalb empfehlen wir allen, an Fortbildungen teilzunehmen und unser Buch im Rahmen von Fortbildungen einzusetzen.

Was ist eigentlich eine (gute) Methode?

Der Begriff „Methode" geht auf das Griechische zurück. Im Wort steckt die Vorsilbe „meta", die „hinter, nach" bedeutet und „hodos", „der Weg". Von daher könnte man sagen, eine Methode ist ein zielgerichteter Weg. Und tatsächlich lassen sich viele Unterrichtende von diesem Bild leiten: Zuerst überlegt man sich ein – meist inhaltlich definiertes – Ziel. Und im zweiten Schritt geht man auf die Suche nach der passenden Methode. Und so wie es auf der Landkarte meist einen idealen Weg zum Ziel gibt, denkt man dann, auch beim Unterrichten gäbe es die eine ideale Methode, und meist landet man so bei den immer gleichen. Wenn es also um das Leben nach dem Tod geht, lesen wir gemeinsam eine Bibelstelle und dann reden wir darüber.

Wer Pädagogik studiert, muss sich auch mit der Didaktik beschäftigen, der Wissenschaft von Lehr-Lern-Prozessen. Wie verhält sich die Didaktik zur Methodik? Wie verhält sich die Frage, was wir warum lernen sollen, im Verhältnis zur Frage, wie wir lernen und wie Wissen und Kompetenzen vermittelt werden? Zwei Antworten darauf sind denkbar (nach: Kron, Friedrich W. / Jürgens, Eiko / Standop, Jutta: Grundwissen Didaktik, Reinhardt, München/Basel ^{6}2014, S. 31). Die erste sagt: Die Methodik ist ein relativ selbstständiges Teilgebiet der Didaktik. Wenn es um Methoden geht, wird es konkret. Die andere sagt im Anschluss an Wolfgang Klafki: Es gibt ein Primat der Didaktik gegenüber der Methodik. Die grundsätzlichen Überlegungen bestimmen darüber, mit welchen Methoden anschließend gearbeitet wird. Das klingt sehr danach, dass das Ziel den Weg bestimmt, als könnte man aus dem Lernziel schon ableiten, wie es am besten erreicht wird.

Wir schließen uns mit diesem Methoden-Tool-Pool eher der ersten Meinung an. „Methoden haben eine eigene ‚innere' Zielorientierung", sagt der Schulprofi Hilbert Meyer (nach: Unterrichtsmethoden. In: Kiper, Hanna / Meyer, Hilbert / Topsch, Wilhelm: Einführung in die Schulpädagogik, Cornelsen, Berlin ^{6}2011, S. 109–121; S. 110). Auch die Hirnforschung hat festgestellt, dass die Stimmung, in der man etwas lernt, deutlich dazu beiträgt, wie man etwas behält und in das eigene Verhaltensrepertoire übernimmt. Das gilt erst recht für Fragen des Glaubens. Wer die Beschäftigung mit ihnen als langweilig und dröge erlebt, wird kaum sein Leben danach ausrichten und selbst auf dem zunächst gemeinsam eingeschlagenen Weg weitergehen. Zwischen Ziel und Methode gibt es eine Interdependenz, eine wechselseitige Abhängigkeit. Und deshalb ist es nicht nur legitim, sondern oft sogar geboten, bei den Methoden anzufangen, die Spaß und Sinn machen, und dann zu schauen, welcher Inhalt, welches Ziel sich mit ihnen verbinden lässt. Genau das soll unser Buch ermöglichen. Deshalb haben wir nicht nur nackte Methoden aufgeführt, sondern immer auch inhaltliche Spuren gelegt durch die Anwendungsbeispiele und die vorgeschlagenen Themen.

In letzter Zeit wird viel über Methodenkompetenz geredet. Methodenvielfalt ist ein Merkmal guter Lernprozesse, weil sie die Aufmerksamkeit hochhält. Wer methodenkompetent ist, kann aus vielen selbst erlebten und erprobten Methoden qualifiziert eine Auswahl treffen und wird dann auch das treffen, was zur Situation der Gruppe, zum Lernziel, zu den Inhalten passt, mit denen jeder/jede sich auseinandersetzen soll. Wer methodenkompetent ist, muss also immer auch eine Antwort wissen auf die Frage: Welches Ziel willst du mit dieser Methode erreichen?

Wer übrigens wissenschaftlich sauber wissen will, welche Methode die erfolgreichste ist, wird ziemlich allein gelassen. Selbst John Hattie hat darauf keine Antwort (siehe das Interview mit ihm im Friedrich Jahresheft 2016, S. 30 f.), obwohl er alle verfügbaren empirischen Studien zum Unterricht in einer gigantischen Meta-Analyse untersucht hat. Zwei Dinge sind auf jeden Fall bemerkenswert: Gruppenarbeit ist der Einzelarbeit überlegen. „Kooperatives und kompetitives Lernen sind effektiver als individuelle Methoden. Dies zeigt erneut die Stärke von Peers in der Gleichung des Lernens auf" (Hattie, John: Lernen sichtbar machen, Schneider Verlag, Hohengehren 2013, S. 251). Außerdem ist Hatties ständiges Mantra, dass Feedback im Prozess des Lernens extrem positive Auswirkungen hat. Und hinter die Ohren schreiben sollte man sich schließlich diesen Satz von ihm: „Nicht das Wissen oder die Ideen, sondern die Konstruktion dieses Wissens durch die Lernenden sind entscheidend" (Ebd., S. 280 f.). Das heißt: Die Auswahl der richtigen Methoden führt zum Erfolg. Bitteschön, hier hast du die Tools dazu übersichtlich aufgereiht. In die Hand nehmen und gebrauchen musst du sie aber selbst.

Zur Auswahl der Methoden

Wo haben wir einen Schwerpunkt gelegt bei der Auswahl der Methoden? Für die Konfiarbeit gibt es eine große empirische Untersuchung (Schweitzer, Friedrich / Maaß, Christoph H. / Lißmann, Katja / Hardecker, Georg / Ilg, Wolfgang: Konfirmandenarbeit im Wandel – Neue Herausforderungen und Chancen: Perspektiven aus der zweiten bundesweiten Studie, © 2015, Gütersloher Verlagshaus, Gütersloh, in der Verlagsgruppe Random House GmbH, S. 179, zitiert werden nur 13 von 25 Items, Abdruck mit freundlicher Genehmigung), die zeigt, welche Methoden tatsächlich eingesetzt werden. Wir glauben, da ist bei der Methodenvielfalt noch ziemlich viel Luft nach oben ... Leider liegt eine ähnlich fundierte Analyse für die Jugendarbeit nicht vor.

Wie oft wurde eine Methode und Handlungsform beim aktuellen Konfi-Jahrgang eingesetzt?	nie	selten	manchmal	häufig
Leiter/in spricht bzw. erzählt über ein Thema	1%	7%	34%	58%
Rollenspiel und Theater	9%	39%	41%	11%
Lernstraßen	42%	33%	18%	7%
Zeichnen, Malen und kreatives Gestalten	3%	27%	47%	24%
mit Bibeltexten arbeiten	1%	9%	49%	41%
auswendig gelernte Texte aufsagen	11%	29%	42%	18%
Gruppenarbeit	1%	8%	32%	60%
gemeinsam singen	6%	28%	20%	46%
Erkundungsgänge und Exkursionen	10%	39%	45%	6%
Gespräche mit Expert/innen	34%	42%	22%	2%
Meditation/Stille-Übungen	20%	44%	28%	8%
Erlebnispädagogische Übungen	22%	41%	29%	7%
mit dem Internet arbeiten	65%	30%	6%	0%

Zuerst einmal fällt vielleicht auf, dass es in unserer Sammlung viele Text-Methoden gibt. Dabei geht es meist um die Bibel. Wir sind überzeugt davon, dass sie die Grundlage unseres Glaubens ist und auch in der Konfi- und Jugendarbeit eine zentrale Rolle haben muss, auch wenn „Text" vielleicht zuerst nach Schule klingt. Auch Methoden zur Spiritualität kommen zahlreich vor. Jugendliche haben heute oft kaum noch eigene Erfahrungen mit positiv erlebter Spiritualität. Der klassische Gottesdienst am Sonntagmorgen ist ein großes Problem und passt in der Regel nicht für Jugendliche. Umso wichtiger ist es, hier im geschützten Rahmen der Gruppe oder auch in größeren Zusammenhängen positive Erfahrungen zu machen, die Lust machen auf mehr.

Ein weiterer Schwerpunkt sind kreative Methoden. Diese werden zumindest in der Konfiarbeit immer noch viel zu wenig eingesetzt, weil sie in der Regel aufwendiger vorzubereiten sind als ein paar kopierte Blätter. Wer aber gute Argumente dafür sucht, stärker kreativ und produktorientiert zu arbeiten, sollte unbedingt einmal die entsprechenden Abschnitte in dem empfehlenswerten Buch „Konfis auf Gottsuche" von Burkhardt Nolte und Hans-Ulrich Keßler lesen. Sie empfehlen eine Didaktik, die sich am Dreischritt von Produkt, Botschaft und Öffentlichkeit orientiert: Eine Gruppe oder jeder/jede Einzelne erstellt in der Auseinandersetzung mit Inhalten ein kreatives Produkt, verbindet dies mit einer persönlich gefärbten Botschaft. Und dieses Produkt wird anschließend einer größeren Öffentlichkeit vorgestellt, die durch ihr positives Feedback dazu beiträgt, dass der ganze Prozess als lohnend erlebt wird. (Keßler, Hans-Ulrich / Nolte, Burkhardt: Konfis auf Gottsuche. Praxismodelle für eine handlungsorientierte Konfirmandenarbeit, Gütersloher Verlagshaus, Gütersloh 2009, S. 38–51)

Dann gibt es viele erlebnispädagogische Methoden, allerdings eher die weniger aufwendigen. Erlebnispädagogik ist seit vielen Jahren ein wichtiger Gegentrend gegen die Verkopfung und Digitalisierung unserer Gesellschaft. Welche Rolle spielt das Erleben in unserer Kirche?
Erfahrungen bilden die Grundlage unseres Lebens. Sie ermöglichen Lernen auf unmittelbare Weise. Wir lernen durch das Begreifen von Dingen. Glaube ist nicht nur eine Sache des Kopfes, sondern auch der Hände und des Herzens. Mehr noch, erst durch unser Herz und unsere Hände bekommt das Evangelium Gestalt und wird erlebbar. Deshalb müssen wir jungen Menschen auch persönlichkeits- und glaubensfördernde Erlebnisse ermöglichen. Natürlich lassen sich Glaubenserfahrungen nicht einfach als erlebnispädagogische Übungen konzipieren. Glaube ist etwas, das sich zwischen dem/der Einzelnen und Gott ereignet und letztlich ein Geschenk Gottes ist. Aber es gibt eben doch viele Analogien und Anknüpfungspunkte: Die Erfahrung von Vertrauen, dass ich gehalten werde. Das Ausprobieren von Mut und Verantwortung. Das Gefühl von Sicherheit und Unsicherheit, von Einsamkeit und Gemeinschaft.
Zur Erlebnispädagogik gehört immer auch die Reflexion einer Übung, für die genug Zeit eingeplant werden sollte. Die Methoden unter „Feedback" eignen sich gut dafür.

Hilfreiche Fragen können sein:

- Wie geht es euch jetzt? Was habt ihr gemacht? Was habt ihr erlebt?
- Was hat euch bei der Übung geholfen?
- Was würdet ihr beim nächsten Mal anders machen?
- Was habt ihr beobachtet und erlebt in Bezug auf ...
- Was nehmt ihr mit nach Hause und behaltet es in eurer Erinnerung?

Schließlich noch ein Wort zu den inklusiv-basalen Methoden. Immer wieder wird gefragt: Wie gestalte ich eine Konfi- oder Jugendgruppe inklusiv? Wenn das nur so einfach wäre und es ein Patentrezept gäbe. Es ist ein riesiger Unterschied, ob ein Jugendlicher / eine Jugendliche autistische Verhaltensweisen hat oder ein Downsyndrom, bei dem es oft ein extremes Kontaktbedürfnis gibt. Es gibt körperliche Einschränkungen, die einen Rollstuhl notwendig machen, und kognitive wie eine starke Lernbehinderung oder das immer häufiger werdende ADHS-Syndrom. Die in dieser Kategorie aufgeführten Methoden knüpfen an sehr grundlegende menschliche Erfahrungen an. Das heißt aber nicht, dass sich andere Methoden nicht auch mit wenig Aufwand anpassen lassen. Oft hilft es, verschiedene Rollen zu vergeben, einen Zeitnehmer, einen Schiedsrichter oder einen Materialwart zu ernennen. Dabei sollte man nie bloßstellend vorgehen, sondern die grundsätzliche Verschiedenheit aller Menschen zum Ausdruck bringen, gemäß dem Motto der Inklusion: Es ist normal, verschieden zu sein.

So findest du die passende Methode

- Du planst eine Gruppenstunde und hast noch keine Idee, was du machen willst? Dann geh am besten von der Funktion der Methode aus, ob du etwas für den Einstieg oder den Abschluss brauchst. Der Aufbau der Kategorien orientiert sich lose am zeitlichen Verlauf einer Gruppenstunde und an den Phasen einer Gruppe. Mit zwei bis vier Methoden kannst du locker 90 Minuten gestalten.
- Du hast schon ein Thema und suchst eine Methode? Dann schau hinten im Methodenregister, das nach Themen sortiert ist, was passen könnte.
- Du willst mehrere Bedingungen kombinieren, z. B. Gruppengröße, Sozialform und Thema? Dann nutze die Profisuche auf der Internetseite (Hinweise siehe unten) oder das Methodenregister.
- Du hast Zeit? Dann blättere das Buch in Ruhe durch und markiere dir das, was du in nächster Zeit einmal ausprobieren willst. Irgendwann kommst du bestimmt bei einem Baumarkt oder dem schwedischen Möbelhaus vorbei.
- Du hast wenig Zeit zur Vorbereitung? Dann schau nach Methoden, bei denen der Vorbereitungsaufwand gering ist und die wenig Material brauchen.
- Du hast gar keine Zeit? Vergiss nicht, dass Konfi- und Jugendarbeit Beziehungsarbeit ist und Zeit für das Ungeplante braucht. Aber wir können dich beruhigen: Du hättest bestimmt nicht dieses Buch in der Hand und so weit gelesen, wenn du bis über beide Ohren verplant wärst. Man hat immer Zeit für das, was einem wichtig ist. Alles andere ist eine Ausrede.

Wie arbeitet man mit diesem Buch?

Schon der große Philosoph Aristoteles hat seine methodischen Schriften als „Organon" bezeichnet und nicht als Methodensammlung. „Organon" heißt auf deutsch „Werkzeug" und auf englisch „tool".
Unser Tool-Pool ist eine Art Schaufenster für Werkzeuge. Nicht jedes brauche ich, aber mit dem falschen Werkzeug komme ich nicht weit. Und auch, wenn das Werkzeug keine Profiqualität hat und der Akkuschrauber sofort den Geist aufgibt, wenn das Holz härter ist als gedacht, komme ich nicht weit.

Dieses Buch soll also dazu dienen, die eigenen Werkzeuge zu schärfen und neu zu justieren. Dafür ist der Abschnitt „**Variante**" bei vielen Methoden gedacht. Er soll dabei helfen, das eigene Methodenrepertoire zu erweitern. Dafür hilft es, einmal eine ehrliche Bestandsaufnahme zu machen. Welche Methoden habe ich im vergangenen Jahr tatsächlich eingesetzt? Die meisten Leute haben viele Kochbücher mit hunderten Rezepten im Regal. Trotzdem setzen sie im Alltag vielleicht fünfzehn bis zwanzig davon ein. Für den Anfang ist es gar nicht schlecht, zwanzig Methoden zu haben, die man sicher und variabel beherrscht. Wenn dieses Buch dazu führt, dass zehn oder fünfzehn neue Methoden in den Koffer kommen – super! Markiere doch einfach mal alle, die du draufhast, und alle, die du gern ausprobieren möchtest.
Wenn man eine neue Methode ausprobiert, sollte man nicht zu ungeduldig sein. Oft braucht man zwei bis drei Versuche, bis man alles im Griff hat. Hier können die „**Anwendungsbeispiele**" eine Idee geben. Auch jede Gruppe muss eine Methode lernen. Und nicht jede Methode ist für jede Gruppe geeignet. Das haben wir versucht mit den drei Stufen bei „**Anspruch für die Gruppe**" anzudeuten. Es gibt Gruppen, die sehr motiviert sind und selbstständig arbeiten können und wollen, mit denen gehen auch „schwere" Methoden. Bei anderen sollte man es mit „leicht" oder „mittel" versuchen. Auch die eigene Erfahrung spielt eine Rolle. Wenn mich noch jeder Störungsversuch des Spaßvogels aus der Bahn wirft, sollte ich mit den Methoden anfangen, bei denen wir den „**Anspruch für die Leitung**" als „leicht" eingeschätzt haben, und ich darf mich nicht wundern, wenn es bei den schwerer anzuleitenden Methoden nicht beim ersten Mal klappt.
Obwohl dies ein Buch für die Konfi- und Jugendarbeit ist, sind manche Methoden auch bereits für jüngere Teilnehmende geeignet. Hier ist die „**Altersangabe**" dann mit „ab 6" angegeben.
Die Angaben zum „**Zeitaufwand**" und „**Aufwand**" sind Erfahrungswerte und sollen eine grobe Richtlinie geben, damit man die eigene Gruppenstunde besser planen kann. Ebenso geben die Angaben zur „**Gruppengröße**" und „**Sozialform**" einen Hinweis, ob die Methode für die eigene Gruppe und das Ziel geeignet ist.
Wir haben uns große Mühe gegeben, Ordnung in den Werkzeugkasten zu bringen. Aber oft passt ein Werkzeug in mehrere Schubladen („**Kategorien**"). Wir haben das so gelöst, dass es immer eine Hauptkategorie gibt, in der die Methode vollständig beschrieben wird. Bei den anderen Kategorien gibt es einen Verweis. Auch die „**Themen**" bieten eine Orientierung für die Einordnung einer Methode.

Downloads zum Buch

Zu diesem Buch können zusätzliche Vorlagen und Präsentationen unter www.ejw-buch.de/shop/tool-pool.html sowie www.rpe-online.com als digitale Daten heruntergeladen werden. Der Kauf des Buches berechtigt zum Downloaden, Ausdrucken, Kopieren und Verwenden dieser Daten, sofern sie zur Vorbereitung und Durchführung der Inhalte dieses Buches verwendet werden. Eine Vervielfältigung, Verwendung oder Weitergabe darüber hinaus ist ohne Erlaubnis ausdrücklich nicht gestattet.

Datenbank

Unter www.methoden-tool-pool.de hat man außerdem die Möglichkeit, nach Methoden zu suchen und eine Kurzbeschreibung zu bekommen. Meldet man sich kostenlos als Nutzer/Nutzerin an, hat man Zugriff auf die kompletten Beschreibungen der Methoden.

Unsere Lieblingswerkzeuge

Wir haben uns überlegt, womit wir, die Autorin und Autoren, gern arbeiten. Und dann bist du dran: Überlege dir, was dein Lieblingswerkzeug ist. Und dann geht's los mit dem Praxistest der von uns vorgestellten Werkzeuge. Über Rückmeldungen, welche Erfahrungen du dabei machst, würden wir uns sehr freuen, am besten zur jeweiligen Methode auf unserer Internetseite.

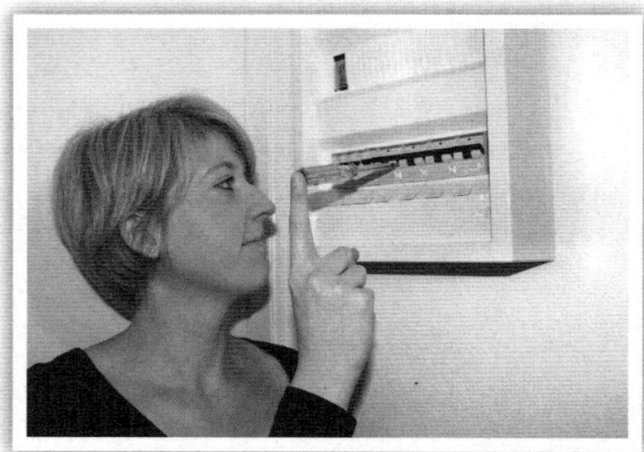

Judith meint:
der Phasenprüfer

Konfi- und Jugendarbeit ist elektrisierend. Dabei fließt viel Energie und die ist bekanntlich nicht immer stromlinienförmig. Während manche Jugendliche ziemlich unter Strom stehen, gehen bei anderen Lichter bzw. ganze Kronleuchter auf. Zugegeben, manchmal holt man sich, gerade als Leitender einen kleinen bis größeren Stromschlag. Aber das gehört einfach dazu, denn ohne Strom geht es nicht. Daher liegt auch der Phasenprüfer in meinem Werkzeugkoffer ganz oben. Für mich sind Methoden eine Art „Phasenprüfer", an denen sich der Gehalt des Inhalts messen lassen muss. Mit der Wahl einer passenden Methode finde ich heraus: „Hat der Inhalt, den ich vermitteln will, einen angemessenen Ort? Kann dieser hier geschickt und gemeinschaftlich entwickelt werden?" Methoden überprüfen für mich den Inhalt auf seinen elektrisierenden Wert hin, kanalisieren die Energie sinnvoll und sind eng ineinander verschlungen. Daher auf zur (inhaltlichen) Steckdose und Mut zum Phasenprüfer, es ist und bleibt spannend!

Thomas meint:
die Schlagbohrmaschine

Manchmal muss man auch mit Jugendlichen dicke Bretter bohren. Themen wie die Bibel oder der persönliche Glaube sind nicht automatisch Selbstläufer. Manchmal hakt es in der Gruppe, man ist hart zueinander, baut Abwehrhaltungen auf. Da muss man oft erst einmal ein Stück ins Innere vordringen. Am Schlagbohrer gefällt mir, dass er hartes Material butterweich macht. Viele unserer Methoden helfen, den anfänglichen Widerstand zu überwinden und Dinge ordentlich im Erleben und damit im Gedächtnis zu befestigen. Dazu gibt es ja dann noch die verschiedensten Sorten Dübel. Übrigens darf man keine zu billigen Schlagbohrmaschinen kaufen. Die haben zu wenig Power und geben schon mal bei einer dicken Betondecke den Geist auf. Außerdem darf es bei der Schlagbohrmaschine auch mal laut und unordentlich werden, wie bei vielen unserer Methoden. Putzen kann man hinterher ja immer noch.

Stephan meint:
der Meterstab

Kennenlernen, einen Platz finden, Konflikte klären, gemeinsam tätig werden und ein gutes Ende finden – Gruppen bieten sowohl für die Einzelnen als auch für die ganze Gruppe eine Vielzahl an Herausforderungen. Die Gruppe findet sich, wächst gemeinsam und zu guter Letzt löst sie sich auf. Diesen Prozess zu begleiten und das richtige Maß zu finden ist eine große Herausforderung für die Gruppenleitung. Nicht jede gute Methode passt zu jeder Zeit. Deshalb befindet sich in meinem Werkzeugkasten immer ein Meterstab. Er hilft mir, die Gruppe genauer in den Blick zu nehmen, die Lücke zu bemessen und die richtige Methode einzubauen. Und schließlich ist ein Meterstab auch aus vielen Methoden kaum wegzudenken, und es ist immer geschickt, einen dabeizuhaben.

Und was sind deine Lieblingswerkzeuge?

DIE METHODEN

KATEGORIE: KENNENLERNEN

Alle, die ...

Ein Spiel zum Kennenlernen im Kreis, bei dem Gemeinsamkeiten in der Gruppe deutlich werden.

Kategorie: Kennenlernen
Thema: Freundschaft
Zeitaufwand: 10 Minuten | **Gruppengröße:** 10–20, 20+ | **Alter:** ab 6
Anspruch für die Leitung: 1 | **Anspruch für die Gruppe:** 1 | **Aufwand:** 1
Sozialform: Plenum

Material: Beispielfragen als Kartensatz (siehe Downloads zum Buch)

Beschreibung
Alle, bis auf eine Person, sitzen im Stuhlkreis. Diese benennt nach dem Schema „Alle, die ..." Personen, die anschließend den Platz wechseln müssen. Dabei versucht der Frager / die Fragerin einen Platz zu ergattern. Wer übrig bleibt, stellt die nächste Frage. Wenn die Ideen ausgehen, kann man auch Beispielkärtchen ziehen. Bei bestimmten Fragen kann man sich auch vorführen lassen, ob jemand das wirklich kann, z. B. einen Handstand.

Variante
Durch thematisch zugespitzte Fragekärtchen lässt sich das Spiel auch gezielt zum Einstieg in ein Thema verwenden. Bei Gruppen, die sich schon besser kennen, können auch sehr persönliche Fragen gestellt werden, z. B. „Alle, die schon einmal unglücklich verliebt waren ...". Dann kann sich jeweils eine kurze Gesprächsrunde anschließen.

Anwendungsbeispiel
Für alle Gelegenheiten anwendbar.

Bildkartei

siehe Kategorie Gespräch, S. 55

Einfühlungsspiel

Mit Ja-/Nein-Karten wird eingeschätzt,
wie eine andere Person eine persönliche Frage beantwortet.

Kategorie: Kennenlernen, Spiel
Thema: Gemeinde, Identität, Vertrauen

Zeitaufwand: 30 Minuten	**Gruppengröße:** bis 10, 10–20	**Alter:** ab 12
Anspruch für die Leitung: 1	**Anspruch für die Gruppe:** 2	**Aufwand:** 1

Sozialform: Plenum

Material: vorbereitete Fragen, Ja-/Nein-Karten für alle Mitspielenden

Beschreibung
Reihum wird jeder Person eine Frage laut gestellt. Sie muss diese beantworten, indem sie eine ihrer Karten verdeckt vor sich legt. Die anderen müssen einschätzen, wie diese Person die Frage beantworten wird und ebenso die entsprechende Karte wählen. Anschließend wird das Geheimnis gelüftet. Die befragte Person kann ihre Antwort kurz erläutern. Wichtig ist der Hinweis, dass es bei der Antwort auch um eine Tendenz gehen kann.
Eigentlich geht es beim Spiel um Empathie, aber es kann den Reiz erhöhen, nebenher die Punkte mitzuzählen.
Die Methode basiert auf dem Prinzip des Spiels „Empathiespiel®" von Hermann Nicklas.

Variante
Die Gruppenleitenden stellen sich den Fragen, die die Gruppe spontan an sie hat.

Anwendungsbeispiel
Mögliche Fragen:

- Würdest du dich trauen zum Mond zu fliegen?
- Wärst du gern für einen Tag Gott?
- Hältst du einen Tag ohne Handy aus?
- Würdest du dein Leben noch einmal genauso leben?
- Nach dem Tod ist alles aus. Siehst du das auch so?
- Du findest einen Geldbeutel mit viel Geld und einem Ausweis.
  Er gehört einem Flüchtling. Gibst du ihn zurück?
- Hättest du gern Zauberkräfte?

Escape Game

siehe Kategorie Gruppendynamik, S. 149

Finde jemanden, der ...

Die Jugendlichen müssen jemanden finden, der die Fragen auf ihrem Bogen mit „Ja" beantwortet, und lernen sich so kennen.

Kategorie: Kennenlernen
Thema: Alle Themen
Zeitaufwand: 15 Minuten | **Gruppengröße:** 10–20, 20+ | **Alter:** ab 6
Anspruch für die Leitung: 1 | **Anspruch für die Gruppe:** 2 | **Aufwand:** 1
Sozialform: Partnerarbeit, Plenum

Material: Fragebögen, Stifte

Beschreibung
Die Methode eignet sich für ein erstes Kennenlernen. Dazu erhalten die Jugendlichen einen Bogen mit verschiedenen Fragen, wie z. B.: „Hast du Geschwister?", „Magst du Gummibärchen?" Es sollten mehr Fragen als Teilnehmende vorhanden sein. Die Jugendlichen sollen sich im Raum (auch für draußen geeignet) verteilen. Auf ein Zeichen hin ordnen sie sich einer anderen Person zu und stellen ihr eine beliebige Frage. Bejaht diese Person eine Frage, wird ihr Name bei dieser Frage eingetragen, verneint sie diese, wird kein Name eingetragen. Danach darf der/die Fragende befragt werden. Pro Paar ist erst einmal nur eine Frage pro Person erlaubt, dann muss man sich einen neuen Fragepartner / eine neue Fragepartnerin suchen. Ziel ist es, in einer vorgegebenen Zeit jeden/jede befragt zu haben und seinen/ihren Namen auf dem Zettel stehen zu haben. Stößt man auf eine Person, die zuvor meine Frage verneint hat, stelle ich eine andere Frage. Wenn jemand alle Fragen beantwortet hat, ist das Spiel zu Ende.

Variante
Möglich wäre auch eine thematische Schwerpunktsetzung der Fragen, z. B. „Betest du auch außerhalb der Kirche?".

Anwendungsbeispiel
Für alle Gelegenheiten anwendbar.

Gruppenbalance
siehe Kategorie Warm-up, S. 44

Gruppenjonglage
siehe Kategorie Warm-up, S. 45

Impulskarten

siehe Kategorie Einstieg, S. 32

Kugellager

siehe Kategorie Gespräch, S. 62

Mein Name und seine Geschichte

Die Jugendlichen bringen wichtige Aspekte ihres Vor- oder Nachnamens zu Gehör.

Kategorie: Einstieg, Kennenlernen
Thema: Alle Themen

Zeitaufwand: 10 Minuten	**Gruppengröße:** bis 10, 10–20, 20+	**Alter:** ab 12
Anspruch für die Leitung: 1	**Anspruch für die Gruppe:** 1	**Aufwand:** 1

Sozialform: Plenum

Material: Namensschilder

Beschreibung

Diese Methode eignet sich für ein erstes Kennenlernen. Die Jugendlichen sitzen im Kreis auf dem Boden. In der Kreismitte befinden sich, bunt gemischt, Namensschilder (mit Vor- und Nachnamen) der Jugendlichen. Der Leiter / die Leiterin beginnt und nimmt sein/ihr Namensschild aus der Mitte und stellt sich vor, indem er/sie erzählt, was er/sie mit seinem/ihrem Vor- oder Nachnamen verbindet, woher dieser kommt, wie er/sie ihn findet oder was er/sie mit ihm schon erlebt hat (Beispiele: „Ich fand meinen Vornamen immer doof, weil ihn niemand richtig aussprechen konnte"; „Bitte nennt mich bei meinem Spitznamen, weil ...").

Variante

Bei kleineren Gruppen könnte man nach erfolgter Vorstellung die Schilder umgedreht in die Mitte legen. Dann zieht jeder/jede ein Namensschild, muss die Person finden und dessen Namensschild übernehmen. Dies geht so lange, bis man sein eigenes Namensschild wieder hat.

Anwendungsbeispiel

Möglich wäre es, die „Namensgeschichten" in einem Vorstellungsgottesdienst der Konfirmanden und Konfirmandinnen (z. B. in Bezug auf Jes 43) zu verwenden.

Memory-Kennenlernspiel

Kennenlernspiel mit gutem „Durchmischungsfaktor“ der jeweiligen Gruppe.

Kategorie: Einstieg, Gespräch, Kennenlernen, Warm-up
Thema: Alle Themen
Zeitaufwand: 20 Minuten | **Gruppengröße:** bis 10, 10–20, 20+ | **Alter:** ab 12
Anspruch für die Leitung: 1 | **Anspruch für die Gruppe:** 1 | **Aufwand:** 1
Sozialform: Plenum

Material: Memoryspielkarten oder sonstige Bildkarten, die doppelt vorhanden sind, Stoppuhr

Beschreibung
Das Memory-Kennenlernspiel verspricht eine gute Gruppendurchmischung und kann inhaltlich jederzeit neu gefüllt werden.
Diese Methode benötigt Platz. Es bedarf einer Anzahl an Bildkarten, die der Gruppengröße entspricht. Die Karten werden verdeckt ausgeteilt und auf ein Zeichen des/der Leitenden umgedreht. Die Gruppe erhält den Auftrag, sich durch den Raum zu bewegen und ihre Karten möglichst oft untereinander zu tauschen. Um eine optimale Durchmischung zu ermöglichen, dauert die Tauschphase ca. 2–3 Minuten.
Anschließend folgt die Arbeitsanweisung, dass sich die Jugendlichen mit den jeweils identischen Karten finden sollen. Danach stellt der/die Leitende eine Frage, die die Paare sich gegenseitig beantworten. Diese Phase dauert ca. 3–5 Minuten.

Variante
Die Jugendlichen können in der Findungsphase auf verschiedene Weise auf sich aufmerksam machen (z. B. pantomimisch).

Anwendungsbeispiel
Mögliche Impulsfragen: „Erzähle deinem Gegenüber, in welcher Epoche du gern gelebt hättest und warum.“, „Auf welches der Zehn Gebote könntest du verzichten? Begründe.“

Netzwerk der Gemeinsamkeiten

Auf einem großen Plakat entstehen Verbindungslinien, wenn Gruppenmitglieder Gemeinsamkeiten haben.

Kategorie: Einstieg, Kennenlernen
Thema: Gemeinde, Gruppe
Zeitaufwand: 20 Minuten | **Gruppengröße:** 10–20, 20+ | **Alter:** ab 12
Anspruch für die Leitung: 1 | **Anspruch für die Gruppe:** 1 | **Aufwand:** 2
Sozialform: Plenum

Material: Rolle Packpapier, Filzschreiber für jeden/jede, Musik, Abspielgerät

Beschreibung
Eine Gruppe repräsentiert eine große Vielfalt. Ein Netz hält umso besser, je mehr Knotenpunkte miteinander verbunden sind.
Jeder/jede schreibt zunächst den Namen gut verteilt auf das Plakat und zieht einen Kreis darum. Im Hintergrund läuft Musik. Wenn die Musik aufhört, sucht jeder/jede sich einen Partner / eine Partnerin. Diese überlegen, welche ungewöhnliche Gemeinsamkeit sie haben (eine bestimmte Vorliebe, ein Hobby, eine seltene Kompetenz). Dann ziehen sie eine Linie zwischen den beiden Namen und schreiben an die Linie, was sie verbindet. Man kann auch ein passendes Symbol dazu malen. Zur Musik mischt sich die Gruppe wieder, es folgen ca. sechs bis acht Runden, in denen Gemeinsamkeiten entdeckt werden können. Zur Auswertung kann sich eine Reflexion anschließen. Welche Vorteile hat es, gut vernetzt zu sein? Das Netzwerk wird anschließend im Gruppenraum aufgehängt.

Variante
Bei sehr großen Gruppen kann man auch mehrere Plakate verwenden, allerdings verliert die Methode dann symbolisch an Aussagekraft.

Anwendungsbeispiel
Die Methode passt gut in die Phase des Kennenlernens einer Gruppe.

People Bingo

Um die Wette werden auf einem Bingo-Blatt Personen aus der Gruppe gesucht, die besondere Eigenschaften oder Fähigkeiten haben.

Kategorie: Kennenlernen, Spiel
Thema: Gruppe, Identität
Zeitaufwand: 20 Minuten | **Gruppengröße:** 10–20, 20+ | **Alter:** ab 12
Anspruch für die Leitung: 1 | **Anspruch für die Gruppe:** 1 | **Aufwand:** 1
Sozialform: Plenum

Material: Bingo-Blatt (siehe Downloads zum Buch), Stifte, Stoppuhr

Beschreibung
Jeder/jede bekommt ein Bingo-Blatt und muss darauf so viele Unterschriften wie möglich von Gruppenmitgliedern sammeln, die diese Eigenschaft oder Fähigkeit haben. Aber Vorsicht: Am Ende wird überprüft, ob das auch wirklich stimmt. Mehrere Unterschriften von einer Person sind erlaubt. Wer zuerst alle voll hat, schreit „Bingo". Wenn ein vorgegebenes Zeitlimit überschritten ist (10–15 Minuten) und keiner alle Felder voll hat, gewinnt derjenige/diejenige mit den meisten Unterschriften. Die Felder werden dann einzeln überprüft und wenn möglich vorgeführt.

Variante
Man kann die Fragen an die Gruppe anpassen, wenn man bestimmte Besonderheiten kennt, vermutet oder bestimmte Dinge erfahren will (z. B. „Ich spiele ein Musikinstrument.").

Anwendungsbeispiel
Das Spiel passt gut in die Kennenlernphase einer Gruppe. Man kann es aber auch thematisch anpassen. Beim Thema Nächstenliebe und Diakonie könnte z. B. gefragt werden, wer im letzten halben Jahr im Altersheim war oder wer schon einmal eine Wohngruppe für Menschen mit Behinderung besucht hat.

Satzanfänge vollenden

siehe Kategorie Einstieg, S. 37

Speeddating

siehe Kategorie Gespräch, S. 69

Zahlenstrahl

siehe Kategorie Einstieg, S. 41

KATEGORIE:
EINSTIEG

10 aus 55

Themen mit Begriffen charakterisieren.

Kategorie: Einstieg, Gespräch, Spiritualität
Thema: Gott, Heiliger Geist, Jesus Christus, Kirche

Zeitaufwand: 15 Minuten	**Gruppengröße:** bis 10, 10–20	**Alter:** ab 12
Anspruch für die Leitung: 1	**Anspruch für die Gruppe:** 1	**Aufwand:** 2

Sozialform: Einzelarbeit, Plenum

Material: Wahlzettel „10 aus 55", Stifte

Beschreibung
Das Gespräch zu einem zentralen Begriff, einem Sachverhalt, einer biblischen Person usw. soll durch Zuordnung von entsprechenden Eigenschaften in Gang gesetzt werden. Diese Methode eignet sich besonders als Gesprächseinstieg.
Der/die Teilnehmende wählt zum entsprechenden Sachverhalt 55 Eigenschaften aus, die zur Charakterisierung des Begriffes dienen können. Es kommt darauf an, sehr unterschiedliche, auch kontroverse Eigenschaften auf den Wahlzettel „10 aus 55" zu schreiben. Alle bekommen einen Wahlzettel. Die Wahl kann auch in Kleinstgruppen (zwei bis drei Jugendliche) geschehen. Aus den 55 Möglichkeiten sollen jeweils die 10 treffendsten ausgewählt und angekreuzt werden. Im Plenum werden die Wahlergebnisse vorgestellt und auf einen großen Wahlzettel übertragen.

Anwendungsbeispiel
Thema: „Kirche heute"
Mögliche Eigenschaften: altmodisch, naiv, konservativ, modern, kritisch, autoritär, sparsam, kreativ, eindeutig, fromm, gehorsam, aufrichtig, schwammig, unbequem, angepasst, demütig, perfekt ...
Mögliche weitere Themen: Glaube, Christen, Umwelt, Verantwortung, Freiheit, biblische Personen

Bildbetrachtung

Ein Bild zum Sprechen bringen.

Kategorie: Einstieg
Thema: Alle Themen
Zeitaufwand: 20 Minuten | **Gruppengröße:** bis 10, 10–20, 20+ | **Alter:** ab 6
Anspruch für die Leitung: 2 | **Anspruch für die Gruppe:** 1 | **Aufwand:** 1
Sozialform: Plenum

Material: Bild, wenn nötig Präsentationsmedium

Beschreibung

In unserer visuell geprägten Zeit stellt es eine gute Gesprächshilfe dar und hilft dabei, zentrale Inhalte und Gefühle zu veranschaulichen.
Das Bild wird der Gruppe möglichst groß gezeigt, am besten mit Beamer oder Overheadprojektor. Man kann das Bild auch für jeden kopieren.
Die Erschließung des Bildes erfolgt in drei Schritten:

- Beschreibung: Was seht ihr auf dem Bild? Welche Farben werden verwendet? Wie ist der Aufbau des Bildes? In welchem Stil ist das Bild gemalt? Wie ist es fotografiert worden?
- Gefühle: Welche Gefühle löst das Bild in euch aus? Welche Stimmung transportiert es? Welche Stimmung drücken die dargestellten Personen aus?
- Interpretation: Was wollte der Künstler ausdrücken? Warum ist dieses Bild wohl so beliebt? Warum habe ich es zu unserem Thema ausgewählt? Wie könnte man das Bild verändern, damit es eine andere Aussage bekommt?

Anschließend empfiehlt sich eine kreative Weiterarbeit mit dem Bild, die es verändert, verfremdet. Die Ergebnisse können später parallel zum Original präsentiert werden.

Variante

Besonders anregend ist eine Bildbetrachtung, wenn nicht gleich das ganze Bild gezeigt wird. Mit mehreren Blättern kann man auf dem Overheadprojektor leicht die Teile abdecken, die noch nicht im Fokus sein sollen. Für die Arbeit mit dem Computer kann man hier eine Vorlage finden: www.schule-bw.de/faecher-und-schularten/sprachen-und-literatur/italienisch/informationen-zum-fach/methodik-und-didaktik, letzter Zugriff am 28.11.2017.

Anwendungsbeispiel

Caravaggios „Gefangennahme Christi" eignet sich gut als Bild (Beispiel: www.thomas-ebinger.de/2014/03/konfi-impuls-laetare-verrat-jesu, letzter Zugriff am 28.11.2017).

Bildkartei
siehe Kategorie Gespräch, S. 55

Blitzlicht
siehe Kategorie Gespräch, S. 56

Bodenbilder
siehe Kategorie Kreativ, S. 77

Dartscheibe
siehe Kategorie Feedback, S. 214

Gefühlskarten
siehe Kategorie Feedback, S. 217

Gruppenbalance
siehe Kategorie Warm-up, S. 44

Impulskarten

Visualisierung von Emotionen, Positionen und Einschätzungen durch Karten.

Kategorie: Einstieg, Feedback, Inklusiv/Basal, Kennenlernen
Thema: Alle Themen
Zeitaufwand: 10 Minuten | **Gruppengröße:** bis 10, 10–20, 20+ | **Alter:** ab 6
Anspruch für die Leitung: 1 | **Anspruch für die Gruppe:** 1 | **Aufwand:** 1
Sozialform: Partnerarbeit, Gruppenarbeit, Plenum

Material: laminierte Post-, Bild-, Textkarten, Gegenstände, Signal (z. B. Klingel)

Beschreibung
Es gibt bereits thematisch geordnete Impulskarten, die man käuflich erwerben kann. Es ist aber auch möglich, Impulskarten mit eigenen Fotos, Textkarten (z. B. mit Bibeltexten) selbst herzustellen. Es empfiehlt sich, diese zu laminieren (DIN A5).

Die Impulskarten werden in der Mitte eines Stuhlkreises ausgelegt. Anschließend folgt eine Impulsfrage (z. B. „Liebe, das ist ein riesen Begriff. Sucht euch eine Karte, die eurem Verständnis von Liebe ganz nah kommt, oder eine, die ganz weit weg davon ist."). Die Leitung muss vorab klären, ob die Jugendlichen ihre Kartenwahl begründen sollen oder es auch möglich ist, seine Karte „stumm" zu präsentieren. Auf ein Signal hin sollen die Jugendlichen in einer Art Museumsgang die Karten betrachten. Nach einem erneuten Signal darf sich jeder/jede eine Karte nehmen, die er/sie dann den anderen vorstellt oder zeigt. Sollten mehrere Jugendliche die gleiche Karte bevorzugen, wird diese dann bei der Präsentation weitergegeben.

Variante
Die Jugendlichen können ihre eigene Impulskartei kreieren. Hierfür könnten Lieblingsbilder, Fotos, Texte, Gegenstände gesammelt werden, die dann z. B. bei einer „Wie geht's mir?"-Runde eingesetzt werden können.
Es ist auch möglich die Impulskarten stumm zu verwenden. Die Jugendlichen stellen dann auf die jeweilige Karte ein Teelicht (Impulsfrage: „Welches Bild trifft meine Vorstellung von XY?"). Sie könnten auch einen Kieselstein auf die jeweilige Karte legen.

Anwendungsbeispiel
Impulskarten erleichtern oft den Einstieg in theologisch schwierige Themen wie Taufe, Tod, Abendmahl usw.

Ja-Nein-Stuhl

siehe Kategorie Quiz, S. 205

Kugellager

siehe Kategorie Gespräch, S. 62

Mein Name und seine Geschichte

siehe Kategorie Kennenlernen, S. 25

Memory-Kennenlernspiel

siehe Kategorie Kennenlernen, S. 26

Mindmapping

Methode zur Vernetzung, Darstellung und Sicherung von Inhalten.

Kategorie: Abschluss, Computer, Einstieg
Thema: Alle Themen
Zeitaufwand: 10 Minuten | **Gruppengröße:** bis 10, 10–20, 20+ | **Alter:** ab 12
Anspruch für die Leitung: 1 | **Anspruch für die Gruppe:** 2 | **Aufwand:** 1
Sozialform: Einzelarbeit, Partnerarbeit, Gruppenarbeit, Plenum

Material: Flipchart/Tafel, Moderationskarten, Papierstreifen, Plakat, Eddings (farbig), Schnur

Beschreibung
Mindmaps sind eine Art thematische „Landkarte". Ein oft komplexes Leitthema wird in verschiedene Schlüsselworte unterteilt, welche dann inhaltlich miteinander „verzweigt" werden. Die jeweiligen Bereiche und Verzweigungen sollten farblich unterschiedlich gestaltet werden.
Erstellt werden können Mindmaps auf einem Plakat oder einer Tafel. Mindmaps können auch als Bodenbild entwickelt werden. Hier bedarf es Kärtchen, auf denen die thematischen Punkte vermerkt werden, und Papierstreifen, welche die „Verästelungen" symbolisieren. Das Zentrum der Mindmap bildet ein vorgegebenes Thema wie z. B. „Taufe", das dann untergliedert wird. Diese Unterkategorien können dann beliebig weiter differenziert werden.

Variante
Mindmaps lassen sich auch digital erstellen (Beispiel: www.deutsche-startups.de/2012/02/24/die-10-besten-programme-um-mind-maps-zu-erstellen, letzter Zugriff am 28.11.2017).

Anwendungsbeispiel
Man kann mit den Jugendlichen im Gottesdienst auch eine „living mindmap" darstellen. Die Mindmap wird dann wie ein Bodenbild entwickelt. Ein Moderator / eine Moderatorin kommentiert die Geschehnisse. Die Jugendlichen halten die Themenfelder in Plakatform hoch, zeigen die Verbindungen mit einer Schnur an und können dazu auch interviewt werden.

Netzwerk der Gemeinsamkeiten

siehe Kategorie Kennenlernen, S. 27

Position beziehen / Vier-Ecken-Spiel

Alle stellen sich zu der Aussage, die ihrer Meinung am besten entspricht.

Kategorie: Einstieg, Gespräch
Thema: Alle Themen
Zeitaufwand: 10 Minuten | **Gruppengröße:** 10–20 | **Alter:** ab 12
Anspruch für die Leitung: 1 | **Anspruch für die Gruppe:** 1 | **Aufwand:** 1
Sozialform: Plenum

Material: DIN-A4-Blätter mit ausformulierter Position

Beschreibung
Zu einem Thema werden klar unterschiedene Positionen formuliert und groß auf Papier geschrieben. Diese können in den vier Ecken eines Raumes angebracht oder auf dem Boden ausgelegt werden.
Jeder/jede Jugendliche stellt sich zu der Meinung, die seiner/ihrer am ehesten entspricht. Anschließend kann für jede Position einer/eine seine Stimme erheben und so miteinander ins Gespräch kommen.

Anwendungsbeispiel
Zum Thema Familie sollen sich die Jugendlichen zu einer der vier Aussagen stellen:
- Man kann auch als Single glücklich werden.
- Ein Partner ja, aber Kinder brauche ich nicht unbedingt.
- Ich wünsche mir später einmal eine Familie mit Kindern.
- Ich warte ab, was sich ergibt. Da lege ich mich heute noch nicht fest.

Regel-Spiel

Die Gruppe gibt sich spontan Regeln.

Kategorie: Einstieg, Spiel
Thema: Gebote, Gruppe
Zeitaufwand: 15 Minuten | **Gruppengröße:** 10–20 | **Alter:** ab 6
Anspruch für die Leitung: 1 | **Anspruch für die Gruppe:** 2 | **Aufwand:** 1
Sozialform: Plenum

Material: Tafel/Flipchart, Kreide/Stifte

Beschreibung
Normalerweise stehen die Regeln eines Spieles vorher fest. Bei diesem Spiel werden sie der Reihe nach entwickelt.
Die Gruppe steht im Kreis. Reihum sagt jeder/jede eine Regel, an die sich alle halten müssen. Zum Beispiel: „Wir stehen alle auf einem Bein." „Wir schließen alle das rechte Auge."
Jede/jeder, der/die sich nicht an alle Regeln hält, scheidet aus. Wer hält am längsten durch? Wie viele Regeln kann man aufstellen, ohne dass sich diese widersprechen?
Es können mehrere Runden gespielt werden. Dabei ist es sinnvoll, die Ausgangslage zu variieren (auf dem Boden liegend, am Tisch sitzend). Eine kurze Reflexionsrunde schließt sich an.

Variante
Ein Gruppenmitglied wird zum Notar bestellt. Er schreibt der Reihe nach alle Regeln gut sichtbar auf. Dann kann am Ende besser reflektiert werden, wie die Regeln zustande kamen und welche nicht zueinander passen.

Anwendungsbeispiel
Das Spiel eignet sich gut als Einstieg zum Thema Gebote. Dabei können folgende Fragen bedacht werden: Woher kommen die Regeln, nach denen wir zusammenleben? Wie müssen Regeln aussehen, damit sie auch wirklich funktionieren? Wie viele Regeln kann man gleichzeitig beachten? Was ist der Unterschied zwischen Gottes Regeln und denen der Menschen?

Satzanfänge vollenden

Persönlicher Einstieg in ein Thema.

Kategorie: Einstieg, Kennenlernen, Spiritualität
Thema: Religionen
Zeitaufwand: 20 Minuten | **Gruppengröße:** bis 10, 10–20 | **Alter:** ab 12
Anspruch für die Leitung: 1 | **Anspruch für die Gruppe:** 2 | **Aufwand:** 2
Sozialform: Einzelarbeit, Plenum

Material: Satzanfänge, Moderationskarten, Stifte, Klebeband zum Anheften

Beschreibung

Diese Methode eignet sich besonders als thematischer Einstieg. Sie hilft den Jugendlichen, sich in eine Problematik hineinzudenken und unterschiedliche Erfahrungen und Einstellungen auszudrücken.
Alle Satzanfänge sind ringsum an der Wand angebracht. Es liegen Moderationskarten bereit, mit denen alle Beteiligten die jeweiligen Satzanfänge vervollständigen. Ziel ist, dass jeder/jede für sich mindestens einen Satzanfang vervollständigt. Zeit zum Kommentieren gibt es im Anschluss.
Wenn alle Sätze vollständig sind, werden alle der Reihe nach angeschaut. Die verschiedenen Erfahrungen und Einstellungen zum Thema werden so sichtbar. Fragen und Probleme können in einer folgenden Diskussion weiter vertieft werden.

Anwendungsbeispiel

Das Gleichnis vom Sämann Matthäus 13,3-9:

- Wenn ich anderen von meinem Glauben erzähle, dann ...
- Ich erzähle anderen von meinem Glauben, wenn ...
- Ich schweige lieber, weil ...
- Wenn andere von ihrem Glauben reden, dann ...
- Mein Glaube geht keinen etwas an, denn ...
- Wenn ich mir überlege, was es bringt von meinem Glauben zu reden, dann muss ich sagen ...

Schreibgespräch

Gespräche und Diskussionen in geschriebener Form.

Kategorie: Einstieg, Feedback, Gespräch
Thema: Alle Themen
Zeitaufwand: 20 Minuten | **Gruppengröße:** 10–20, 20+ | **Alter:** ab 12
Anspruch für die Leitung: 1 | **Anspruch für die Gruppe:** 2 | **Aufwand:** 1
Sozialform: Einzelarbeit, Partnerarbeit, Gruppenarbeit, Plenum

Material: Plakate, Kreppband, Musik, Abspielgerät, runde Metaplankarten, Stifte

Beschreibung
Es werden diverse Thesen oder Aussagen auf je ein Plakat geschrieben. Diese Plakate werden nicht zu dicht nebeneinander im Raum aufgehängt. Die Jugendlichen erhalten die Aufgabe, sich zu den jeweiligen Plakatinhalten schriftlich zu positionieren bzw. diese zu kommentieren. Anschließend verteilen sie sich auf die jeweiligen Plakate, lesen die These und die Kommentare der anderen Jugendlichen und „diskutieren" schriftlich mit. Es empfiehlt sich, die Methode mit einer ruhigen Hintergrundmusik zu unterlegen. Haben alle Jugendlichen alle Plakate kommentiert, können die Plakate abgenommen und in die Mitte gelegt werden. Danach kann eine gemeinsame Auswertung und Vertiefung erfolgen.

Variante
Da diese Methode sehr kognitiv ist, ist es auch denkbar, dass Jugendliche ihre Position visualisieren. Dazu eignen sich z. B. die vielfältigen Emojis wie sie sich in WhatsApp, Facebook oder anderen sozialen Netzwerken finden. Die Jugendlichen könnten diese auf runde Metaplankarten malen und hinter die jeweiligen Thesen heften oder auf Kommentare anderer reagieren. (Beleidigende bzw. unsachliche Emojis sind nicht zielführend.)

Anwendungsbeispiel
Für ein Schreibgespräch eignen sich gerade christliche Kernstücke wie z. B. das Vaterunser. Besonders hier empfiehlt es sich, eine vielleicht etwas weniger bekannte Übersetzungsvariante zu wählen (z. B. BasisBibel), die dann mit der gängigen Lutherübersetzung korrespondiert. Beispielplakat: „Und stelle uns nicht auf die Probe, sondern rette uns vor dem Bösen" (Mt 6,13 BB). – „Und führe uns nicht in Versuchung, sondern erlöse uns von dem Bösen" (Mt 6,13 Lu).

Speeddating

siehe Kategorie Gespräch, S. 69

Stationengespräch

siehe Kategorie Gespräch, S. 70

Stummer Impuls

Ein ungewöhnlicher Gegenstand oder ein Bild wird ohne Worte ins Spiel gebracht.

Kategorie: Einstieg
Thema: Alle Themen

Zeitaufwand: 5 Minuten	**Gruppengröße:** bis 10, 10–20, 20+	**Alter:** ab 6
Anspruch für die Leitung: 1	**Anspruch für die Gruppe:** 1	**Aufwand:** 1

Sozialform: Plenum

Material: Gegenstand oder Bild

Beschreibung

Ein stummer Impuls eignet sich gut, um in ein Thema einzuführen und ein Gespräch zu eröffnen. Der Gegenstand oder das Bild wird so präsentiert, dass alle gut sehen können. Dann wartet der/die Leitende so lange, bis jemand eine Idee hat, was es mit diesem Gegenstand oder Bild auf sich haben könnte. Es werden einige Kommentare abgewartet, bis im Gespräch deutlich wird, was die Verbindung zwischen Gegenstand bzw. Bild und Thema ist. Besonders gut klappt die Methode, wenn nicht sofort zu erraten ist, worum es sich handelt oder der Gegenstand oder das Bild viele Assoziationen auslöst.

Anwendungsbeispiel

Zum Thema „Bekenntnis“ wird gut erkennbare Fußball-Fanausstattung mitgebracht, zum Thema „Liebe, Treue, Ehe“ zwei miteinander verbundene Vorhängeschlösser, zum Thema Gewalt ein zerbrechliches Glas und ein Vorschlaghammer.

Texte eindampfen

siehe Kategorie Text, S. 143

Verswahl

siehe Kategorie Text, S. 147

Wertepyramide

Persönliche Werte einordnen.

Kategorie: Einstieg, Spiritualität
Thema: Glaubensbekenntnis, Identität, Kirche
Zeitaufwand: 30 Minuten | **Gruppengröße:** bis 10, 10–20 | **Alter:** ab 12
Anspruch für die Leitung: 2 | **Anspruch für die Gruppe:** 2 | **Aufwand:** 1
Sozialform: Einzelarbeit, Plenum

Material: Bild einer leeren Pyramide mit 10 Steinen

Beschreibung

Werte sind in der heutigen Diskussion ein stark beanspruchter Begriff. Doch was sagen sie eigentlich aus? Benannt werden sie selten. Und welche Werte leiten mich? Diese Methode möchte Jugendliche einladen, darüber nachzudenken, welche Werte ihnen wichtig sind.

Werte sind sehr abstrakt und nicht leicht zu benennen. Deshalb sollte man zu Beginn eine Zeit einplanen, in der darüber nachgedacht wird. Es kann hilfreich sein, in der Gruppe verschiedene Werte zu sammeln. Gegebenenfalls ist auch eine Kategorisierung interessant.

Die Jugendlichen tragen nun ihre Werte in eine Pyramide mit zehn Steinen ein. Ihr wichtigster Wert bildet den obersten Stein.

Anwendungsbeispiel

Religiöse Wertepyramide: Was macht meine Religion für mich wertvoll? Welche Glaubensaussagen sind mir dabei wichtig?

Mit dieser Wertepyramide lässt sich gut in Richtung Glaubensbekenntnis weiterarbeiten. Auch die Formulierung eines persönlichen Glaubensbekenntnisses ist möglich.

Zahlenstrahl

Schnelle und gute Darstellungsmöglichkeit der eigenen Position.

Kategorie: Abschluss, Einstieg, Feedback, Kennenlernen
Thema: Alle Themen
Zeitaufwand: 10 Minuten | **Gruppengröße:** bis 10, 10–20, 20+ | **Alter:** ab 6
Anspruch für die Leitung: 1 | **Anspruch für die Gruppe:** 1 | **Aufwand:** 1
Sozialform: Plenum

Material: Seil, Kreppband, Kreide, Thesenpapier, Digitalkamera

Beschreibung
Der Zahlenstrahl kann entweder mit Kreide, einem Seil oder Kreppband markiert werden. Es empfiehlt sich, die volle Raumlänge auszunutzen, damit die Jugendlichen sich differenziert positionieren können. Es können Fragen, die eine Ja-/Nein-Antwort erfordern (z. B. „Hättet ihr euch so verhalten, wie der barmherzige Samariter?"), aber auch Fragen wie „Wer ist heute wann aufgestanden?" gestellt werden. Die jeweiligen Anfangs- und Endpunkte der Fragstellungen müssen klar benannt werden (z. B. Ja = rechts, Nein = links, alles dazwischen sind individuelle Positionierungsnuancen). Die Jugendlichen sollen sich auf dem Zahlenstrahl anordnen. Dann wird das entstandene Bild als solches kurz wahrgenommen und seine Eigenheiten eventuell kommentiert. Die Jugendlichen können sich, wenn sie das möchten, zu ihrer Positionierung äußern.

Variante
Ein Zahlenstrahl mit der identischen Fragestellung könnte am Anfang (Sicherung durch Foto) und am Ende einer Einheit gestellt werden, um die Ergebnisse dann miteinander zu vergleichen.

Anwendungsbeispiel
Für jede Gelegenheit anwendbar.

KATEGORIE:
WARM-UP

Ausbruchversuch

Ein einfaches Actionspiel mit Seil.

Kategorie: Spiel, Warm-up
Thema: Gruppe
Zeitaufwand: 15 Minuten | **Gruppengröße:** 10–20, 20+ | **Alter:** ab 12
Anspruch für die Leitung: 1 | **Anspruch für die Gruppe:** 1 | **Aufwand:** 1
Sozialform: Plenum

Material: ein längeres, nicht zu dünnes Seil

Beschreibung
Ein längeres Seil wird verknotet. Zwei bis drei Fänger/Fängerinnen gehen in die Mitte, die anderen halten das Seil fest. Die Fänger/Fängerinnen können sich aus dem Kreis befreien, wenn sie eine der haltenden Hände abschlagen. Die Haltenden dürfen das Seil auch loslassen. Aber Vorsicht: Wenn das Seil den Boden berührt, müssen alle, denen das passiert ist, in die Mitte.

Variante
Durch die Zahl der Fänger/Fängerinnen in der Mitte kann man leicht das Gleichgewicht zwischen Seilhaltern/Seilhalterinnen und Fängern/Fängerinnen verschieben. Auch die Höhe, in der man das Seil hält, macht einen großen Unterschied.

Anwendungsbeispiel
Einer/eine allein in der Mitte hat fast keine Chance sich zu befreien. Deshalb kann man an dieses Spiel leicht ein Gespräch über Außenseitersein, Mobbing und das Gefühl, nicht dazuzugehören, anschließen.

Eins, zwei, drei, Konzentration

Konzentrationsfördernde Methode,
die sich auch gut zur Vertiefung diverser Inhalte eignet.

Kategorie: Gruppendynamik, Warm-up
Thema: Alle Themen
Zeitaufwand: 10 Minuten | **Gruppengröße:** bis 10, 10–20 | **Alter:** ab 12
Anspruch für die Leitung: 1 | **Anspruch für die Gruppe:** 3 | **Aufwand:** 1
Sozialform: Plenum

Material: Papier und Stifte

Beschreibung
Diese Methode eignet sich besonders zur Konzentrationsförderung. Die Jugendlichen sollen sich zu Paaren zusammenfinden, sich gegenüberstehen und bis drei zählen. Dann sprechen sie sich die Zahlen von 1 bis 3 zu: Person A(1), Person B(2), Person A(3), Person B(1) usw. Die Paare sollen versuchen, die Zahlenkette so lange wie möglich aufrechtzuerhalten. Unterbrochen darf die Kette erst werden, wenn die Spielleitung ein Zeichen gibt. Statt Zahlen können auch drei Worte verwendet werden (z. B. „Was fällt euch zum Thema ‚Flüchtlinge' ein?", mögliche Begriffe: Mittelmeer, Syrien, AFD). Die Wortfindungsphase soll spontan erfolgen (Person A: Mittelmeer, Person B: Syrien, Person A: AFD, Person B: Mittelmeer usw.). Jede Gruppe hat ihre ganz eigene thematische Zuspitzung und stellt diese nach einigen Durchläufen der Gruppe vor. Die Begriffe werden gesammelt. Einmal genannte Begriffe dürfen im nächsten Durchgang nicht mehr verwendet werden. Dadurch entsteht eine deutliche Zuspitzung des Themas, mit der weitergearbeitet werden könnte.

Variante
Möglich ist hier auch, dass Person A der Gruppe X und Person B der Gruppe Y angehört. Die beiden treten im Zählen gegeneinander an. Wer zuerst die Zahlenkette durcheinanderbringt, hat verloren, und die jeweilige Gewinnergruppe erhält 1 Punkt.

Anwendungsbeispiel
Diese Methode könnte als Zugang zu diversen biblischen Texten dienen. Die Jugendlichen lesen Markus 4,37-41 (Die Sturmstillung). Danach sollen sie mit einem Partner / einer Partnerin die Worte „durchsprechen", die ihnen besonders aufgefallen sind.

Familie Mayer

siehe Kategorie Gruppeneinteilung, S. 48

Gefühl zeigen

siehe Kategorie Inklusiv/Basal, S. 169

Gruppenbalance

Eine Gruppe findet ein virtuelles Gleichgewicht,
indem jeder/jede von zwei Personen den gleichen Abstand hält.

Kategorie: Einstieg, Kennenlernen, Warm-up
Thema: Gemeinde, Gruppe
Zeitaufwand: 10 Minuten | **Gruppengröße:** 10–20, 20+ | **Alter:** ab 12
Anspruch für die Leitung: 2 | **Anspruch für die Gruppe:** 1 | **Aufwand:** 1
Sozialform: Plenum

Material: Filmabspielgerät

Beschreibung

Man braucht einen großen Raum ohne Hindernisse oder geht nach draußen. Jeder/jede wählt in Gedanken zwei Personen aus der Gruppe aus. Auf ein Signal der Spielleitung hin versucht jeder/jede, von diesen zwei Personen den gleichen Abstand zu halten. Bewegt sich einer/eine von ihnen oder sogar beide gleichzeitig, passt jeder/jede die Position entsprechend an. Manchmal gelingt es, ein echtes Gruppengleichgewicht zu erreichen, oft muss man aber auch einen Rest von Ungenauigkeit hinnehmen. Zum Schluss kann exemplarisch oder bei allen überprüft werden, ob die Abstände zu den ausgewählten Personen passen. Das Spiel kann durchaus zwei bis drei Runden gespielt werden.

Variante

Man könnte auch mit einem Impulsfilm starten (z. B. „Mobile" von Verena Fels).

Anwendungsbeispiel

Das Spiel eignet sich gut, um über die Kennzeichen einer guten Gruppe ins Gespräch zu kommen. Jeder/jede hat Beziehungen zu anderen, findet seinen/ihren Platz, es braucht aber manchmal auch Abstand. Ist es gut, wenn eine Gruppe mit ihrer Dynamik zum Stillstand kommt? Wie ist es, wenn neue Personen integriert werden müssen? Wie kann man vermeiden, dass es Außenseiter/Außenseiterinnen gibt?

Gruppenjonglage

Eine Gruppe jongliert mehrere Bälle im Kreis.

Kategorie: Kennenlernen, Spiel, Warm-up
Thema: Freundschaft, Gruppe
Zeitaufwand: 15 Minuten | **Gruppengröße:** 10–20, 20+ | **Alter:** ab 6
Anspruch für die Leitung: 1 | **Anspruch für die Gruppe:** 1 | **Aufwand:** 1
Sozialform: Plenum

Material: weiche Wurfbälle, Überraschungsobjekte

Beschreibung
Die Gruppe stellt sich im Kreis auf, die Leitung nennt einen Namen und wirft dieser Person den Ball vorsichtig zu. Der Ball wird mit Namensnennung so lange einer Person zugeworfen, bis niemand mehr übrig ist. Dann bekommt die Leitung den Ball zurück. Die Reihenfolge, die sich jetzt ergeben hat, wird mehrfach erprobt, bis alle wissen, woher der Ball kommt und wohin sie werfen müssen. Dann werden immer mehr Bälle ins Spiel gebracht, die wie beim Jonglieren möglichst nicht herunterfallen sollten.

Variante
Man kann die Reihenfolge einfach umkehren oder Objekte im Kreis herumgeben. Lustig sind Überraschungsobjekte wie eine Klorolle, ein Kuscheltier oder eine Zahnbürste. Auch pantomimisch lässt sich ein Ball werfen, ein schönes Warm-up für Theaterarbeit.

Anwendungsbeispiel
Besonders eindrucksvoll ist es, plötzlich ein rohes Ei zu nehmen. Dies steigert mit einem Schlag die Aufmerksamkeit und Sorgfalt beim Werfen und Fangen. Anschließend kann man sich über einen sorgsamen Umgang miteinander und mit anderen Menschen Gedanken machen (nach: Krause, Cornelia / Fassel, Ute: Diakonie vor Ort. In: Anknüpfen – Praxisideen, 2013, S. 50 f.).

Memory-Kennenlernspiel

siehe Kategorie Kennenlernen, S. 26

Ohne Ende schreiben ...

siehe Kategorie Text, S. 140

Tanz

siehe Kategorie Musik, S. 183

Unterschriftensammlung

Zu einer These oder Forderung werden möglichst viele Unterschriften gesammelt.

Kategorie: Spiel, Warm-up
Thema: Alle Themen
Zeitaufwand: 10 Minuten | **Gruppengröße:** 10–20, 20+ | **Alter:** ab 12
Anspruch für die Leitung: 1 | **Anspruch für die Gruppe:** 1 | **Aufwand:** 1
Sozialform: Plenum

Material: Papier, Stifte

Beschreibung
Jeder/jede denkt sich eine Forderung aus oder überlegt sich eine Aussage, die Unterstützung verdient hat. Diese wird auf ein Blatt geschrieben. Dann versuchen alle gleichzeitig, für ihre Aussage so viele Unterstützende wie möglich zu bekommen. Die Dauer des Spiels hängt von der Gruppengröße ab und sollte eher knapp bemessen sein. Der Themenbereich, aus dem die Aussagen kommen sollen, kann vorgegeben werden.

Variante
Das Leitungsteam hat vorbereitete Aussagen und versucht, in der Gruppe dafür Unterstützung zu bekommen.

Anwendungsbeispiel
Alle überlegen sich Forderungen, wie die Kirche sich ändern soll, was in Zukunft anders sein muss.
Als Thema werden Aussagen vorgegeben, wie Frauen und Männer oder Mitglieder einer Familie miteinander umgehen sollen.

Wäscheklammer-Spiel

Man jagt sich gegenseitig Wäscheklammern ab oder hängt sie dem/der anderen an.

Kategorie: Spiel, Warm-up
Thema: Gruppe
Zeitaufwand: 10 Minuten | **Gruppengröße:** 10–20, 20+ | **Alter:** ab 6
Anspruch für die Leitung: 1 | **Anspruch für die Gruppe:** 1 | **Aufwand:** 1
Sozialform: Plenum

Material: mindestens 5 Wäscheklammern pro Person, lebhafte Musik, Abspielgerät

Beschreibung
Jeder/jede erhält fünf Wäscheklammern, die er/sie so an der Kleidung befestigt, dass es nicht unangenehm ist, wenn andere dorthin fassen. Solange die Musik spielt, versucht man, so viele Wäscheklammern wie möglich zu ergattern. Wer keine Wäscheklammer mehr an sich hat, scheidet aus. Gewonnen hat, wer am Schluss die meisten Wäscheklammern hat.

Variante
Jeder/jede bekommt fünf Wäscheklammern in die Hand. Während die Musik läuft, muss er/sie versuchen, sie anderen möglichst unauffällig anzustecken.

Anwendungsbeispiel
Die Variante „Wäscheklammern anhängen" kann gut mit dem Thema Mobbing und dem Anhängen von Gerüchten verbunden werden.

KATEGORIE: GRUPPENEINTEILUNG

Familie Mayer

Dynamische Methode der Gruppenzuteilung.

Kategorie: Gruppeneinteilung, Warm-up
Thema: Alle Themen
Zeitaufwand: 8 Minuten | **Gruppengröße:** 10–20, 20+ | **Alter:** ab 6
Anspruch für die Leitung: 1 | **Anspruch für die Gruppe:** 1 | **Aufwand:** 1
Sozialform: Partnerarbeit

Material: verschiedene Zettel mit Namen, Preis

Beschreibung
Diese Methode eignet sich besonders, um Bewegung in eine Gruppenfindungsphase zu bringen. Die acht verschiedenen Schreibvarianten des Namens „Meier" werden auf Zettel geschrieben: Familie Maier, Familie Meier, Familie Mayer, Familie Meyer, Familie Mair, Familie Meir, Familie Mayr, Familie Meyr (der Gruppengröße anpassen). Die Jugendlichen ziehen jeweils einen zusammengefalteten Zettel. Bevor sie diesen öffnen und lesen, erhalten sie die Aufgabe, ihre jeweiligen Familienmitglieder schnellstmöglich zu finden. Die Gewinnerfamilie könnte auch einen kleinen Preis erhalten. Die Jugendlichen sollen nach dem Öffnen ihres Zettels den darauf befindlichen Namen rufen. Es wird zunächst ein großes und lautes Durcheinander geben, dann entwickeln sich aber schnell diverse Familienfindungsstrategien.

Variante
Diese Methode kann mit anderen Namen beliebig abgewandelt werden (z. B. Schmidt). Eine weitere Variante wären Zettel mit Tiernamen. Die Jugendlichen müssen durch das Nachahmen der charakteristischen Tierlaute ihr Rudel finden.

Anwendungsbeispiel
Für jede Gelegenheit anwendbar.

Mit Speck fängt man Mäuse

Die Wahl einer Süßigkeit führt zur Gruppenfindung.

Kategorie: Gruppeneinteilung
Thema: Alle Themen
Zeitaufwand: 5 Minuten | **Gruppengröße:** bis 10, 10–20, 20+ | **Alter:** ab 6
Anspruch für die Leitung: 1 | **Anspruch für die Gruppe:** 1 | **Aufwand:** 1
Sozialform: Plenum

Material: verschiedene Süßigkeiten, Döschen

Beschreibung
Eine schnelle und zuckersüße Gruppeneinteilungsmethode. Die Teilnehmenden werden aufgefordert, sich eine Süßigkeit aus einem Korb zu nehmen. Wichtig ist dabei, dass die Anzahl der Süßigkeiten der gewünschten Gruppengröße entspricht (z. B. zehn Teilnehmende, je fünf Zweierteams, d. h. zwei identische Süßigkeiten). Danach bilden die Teilnehmenden mit derselben Süßigkeit ein Team. Gegessen werden darf die Süßigkeit natürlich auch.

Variante
Die jeweiligen Süßigkeiten können auch in „Hülsen" wie alten Filmdöschen, Überraschungseierbehältnissen usw. versteckt werden. Dann ist der Vermischungseffekt wahrscheinlich höher.

Anwendungsbeispiel
Für jede Gelegenheit anwendbar.

Postkarten-Puzzle

Eine zerschnittene Postkarte führt zur Gruppenbildung.

Kategorie: Gruppeneinteilung, Spiel
Thema: Alle Themen
Zeitaufwand: 5 Minuten | **Gruppengröße:** 10–20, 20+ | **Alter:** ab 6
Anspruch für die Leitung: 1 | **Anspruch für die Gruppe:** 1 | **Aufwand:** 1
Sozialform: Plenum

Material: zerschnittene Postkarten

Beschreibung
Es werden so viele Postkarten in Teile zerschnitten, wie Gruppen gebildet werden sollen. Jeder/jede zieht jeweils ein Teil, ohne erkennen zu können, zu welchem Motiv es gehört. Dann soll jede Gruppe so schnell wie möglich ihr Motiv zusammenpuzzeln.
Schöne Postkarten gibt es kostenlos als Werbepostkarten. Wer hier fleißig sammelt, hat immer inspirierende und witzige Karten parat.

Anwendungsbeispiel
Besonders schön ist es, wenn die Postkartenmotive etwas mit dem Inhalt der Gruppenarbeit zu tun haben und z. B. beim Thema „Taufe" Motive mit Wasserbildern verwendet werden.
Auch zum Thema passende Bibelspruchkarten sind schön und anregend.

KATEGORIE: GESPRÄCH

10 aus 55

siehe Kategorie Einstieg, S. 30

Ampelmethode

Auf grünen, gelben oder roten Zetteln die eigene Position darstellen.

Kategorie: Gespräch
Thema: Alle Themen
Zeitaufwand: 20 Minuten | **Gruppengröße:** 10–20 | **Alter:** ab 12
Anspruch für die Leitung: 2 | **Anspruch für die Gruppe:** 2 | **Aufwand:** 1
Sozialform: Plenum

Material: Zettel (DIN A5 oder DIN A4) längs halbiert in grün, gelb und rot

Beschreibung
Die Leitung führt eine strittige Frage ein, zu der man verschiedener Meinung sein kann. Anschließend notiert jeder/jede seine/ihre Meinung auf Zetteln mit der passenden Farbe und schreibt eine Erläuterung oder Begründung dazu. Grün bedeutet: „Da gebe ich grünes Licht, hoffentlich wird das so." Gelb bedeutet: „Da geht bei mir ein Warnlicht an, da habe ich schon Bedenken." Rot bedeutet: „Stopp, das geht gar nicht, auf keinen Fall darf es hier weitergehen."
Die Zettel werden in Ampelform an eine Tafel gepinnt oder auf den Boden gelegt. Bei kleineren Gruppen kann jeder/jede dabei seine/ihre Meinung gleich vortragen, bei größeren werden die Zettel stumm ausgelegt, thematisch sortiert und dann gemeinsam besprochen.

➡

Es schließt sich eine Diskussion an. Wenn niemand von sich aus etwas sagen will, kann einer/eine einen interessanten Zettel auswählen und den Schreiber / die Schreiberin bitten, seine/ihre Meinung noch genauer zu erklären. Spannend ist, dass die gleiche Aussage auf verschiedenfarbigen Zetteln auftauchen kann, dass die gleiche Sache Hoffnungen und Ängste auslösen kann (nach: Kessler, Mathias / Ziener, Gerhard: Kompetenzorientiert unterrichten – mit Methode. Methoden entdecken, verändern, erfinden, Klett Kallmeyer, Seelze 2012).

Variante

Jeder/jede kann verpflichtet werden, von jeder Farbe mindestens einen Zettel zu beschriften. Nach der Diskussion kann es zudem eine zweite Runde geben, in der nur noch ein Zettel zu beschriften ist, auf dem die endgültige Meinung landet. Ergibt sich beim Auslegen jetzt ein neues Bild?

Anwendungsbeispiel

Strittige Fragen eignen sich besonders: Sollen homosexuell empfindende Menschen heiraten dürfen und soll die Kirche ihnen dafür in einer Trauung den Segen spenden? Sollen Muslime in unserem Land völlig gleichberechtigt sein und als Gemeinschaft ebenso behandelt werden wie die christlichen Kirchen?

Bibel teilen

siehe Kategorie Text, S. 134

Bibliolog

Die Jugendlichen müssen aus einer Rolle heraus auf einen biblischen Text reagieren.

Kategorie: Gespräch
Thema: Bibel
Zeitaufwand: 20 Minuten | **Gruppengröße:** bis 10, 10–20, 20+ | **Alter:** ab 12
Anspruch für die Leitung: 3 | **Anspruch für die Gruppe:** 2 | **Aufwand:** 3
Sozialform: Plenum

Material: Bibel und vorbereiteter Bibeltext

Beschreibung
Beim Bibliolog werden die biblischen Geschichten nicht nachgespielt, sondern es wird aus bestimmten Rollen heraus gesprochen. Diese Methode sollte man nicht ohne eine ausführliche Schulung anwenden.

Ablauf:
Die Leitung führt zum Text hin und beschreibt den Kontext der biblischen Geschichte. Der folgende Teil wird mehrfach mit vorbereiteten Fragen wiederholt.
1. Vorlesen eines kurzen Textabschnittes aus einer Bibel (nicht nur Kopie).
2. „Du bist jetzt ..." Den Jugendlichen wird eine Rolle zugesprochen, aus der heraus sie die Frage beantworten. Als Rolle kann man auch Gegenstände nehmen.
3. Einer/eine antwortet aus der Rolle heraus.
4. Die Leitung antwortet als Echo oder Nachfrage.
5. Der Text wird noch einmal im Ganzen vorgelesen und als Schlusssignal die Bibel geschlossen.
6. Die Jugendlichen werden wieder aus ihrer Rolle entlassen, eine offene Diskussion kann sich anschließen.

(nach: www.bibliolog.de, letzter Zugriff am 28.11.2017, und Pohl-Patalong, Uta: Bibliolog. Impulse für Gottesdienst, Gemeinde und Schule. Band 1: Grundformen, Kohlhammer, Stuttgart ^{3}2013)

Anwendungsbeispiel
Zur Sturmstillung (Mk 4,35-41) wird nach der Textlesung bis Vers 37 gefragt: „Ihr seid die Jünger. Der Sturm wird immer schlimmer. Was geht euch durch den Kopf?"

Bildkartei

Aus einer großen Zahl von Bildern werden begründet einzelne ausgewählt.

Kategorie: Einstieg, Gespräch, Kennenlernen
Thema: Alle Themen
Zeitaufwand: 30 Minuten | **Gruppengröße:** 10–20 | **Alter:** ab 6
Anspruch für die Leitung: 1 | **Anspruch für die Gruppe:** 1 | **Aufwand:** 1
Sozialform: Einzelarbeit, Plenum

Material: Bildkartei

Beschreibung
Eine Bildkartei kann man selbst anlegen, indem man Zeitschriften usw. sichtet.
Die ausgeschnittenen Bilder werden mit weißem, festem DIN-A4-Papier hinterlegt und laminiert. Es gibt aber auch thematisch sortierte Bildkarteien zu kaufen.
Die Bilder werden gut verteilt ausgelegt und jede Gruppe oder jeder/jede Einzelne wählt ein Bild aus, das ihn/sie anspricht und zur Aufgabenstellung passt. Die Bilder werden anschließend in Gesprächsform oder als Ausstellung den anderen vorgestellt.

Variante
Man kann auch Sprech- oder Gedankenblasen verwenden, in die man Aussagen/Gedanken der abgebildeten Personen schreibt.

Anwendungsbeispiel
Für eine Vorstellungsrunde wählt sich jeder/jede ein Bild aus, das etwas mit der eigenen Person zu tun hat.
Die Jugendlichen wählen aus einer Bildkartei mit Personen nach den fünf Arten des Gebetes (Bitte, Fürbitte, Dank, Anbetung, Klage) passende Bilder aus und schreiben ein Gebet dazu (nach: Ebinger, Thomas: In jeder Lage zu Gott beten. In: Anknüpfen – Praxisideen, 2013, S. 81–85).
Passende Bildmotive gibt es z. B. in: Graf, Ulrich / Ilg, Wolfgang: Sinnbildbox. 60 Bildmotive, die tiefer blicken lassen – für Gespräche nicht nur in der Schüler-, Konfi- und Jugendarbeit, buch+musik, Stuttgart ^{2}2017.

Blitzlicht

Die Möglichkeit für alle, kurz ihre Meinung loszuwerden.

Kategorie: Abschluss, Einstieg, Feedback, Gespräch
Thema: Alle Themen
Zeitaufwand: 8 Minuten | **Gruppengröße:** bis 10, 10–20 | **Alter:** ab 12
Anspruch für die Leitung: 1 | **Anspruch für die Gruppe:** 1 | **Aufwand:** 1
Sozialform: Plenum

Material: keines

Beschreibung
Diese Methode lässt sich an verschiedenen Punkten des Unterrichts oder der Gruppenstunde einsetzen. Sie eignet sich, um ein schnelles Meinungsbild zu erhalten, zur Wiederholung und Überprüfung von Wissen oder um ein Statement abzugeben. Wegen ihrer Knappheit bietet diese Methode den „stilleren" Jugendlichen eine wichtige Möglichkeit, sich mitzuteilen und zu positionieren.
Wichtig ist, dass der/die Impulsgebende inhaltlich klar abgesteckte Impulse setzt (z. B. „Das ist mir heute wichtig geworden ...", „XY bedeutet für mich ..."). Die Jugendlichen stehen oder sitzen dazu in einem Kreis und alle sind aufgefordert, ein kurzes Statement abzugeben. Dieses formulieren sie als Ich-Botschaft. Eine Wertung der Aussage ist nicht vorgesehen. Den Abschluss der Runde bildet, ebenfalls mit einem kurzen Statement, der/die Leitende.

Anwendungsbeispiel
Mögliche Fragestellungen (gern auch provokanter Art): „Aus der Kirche austreten: ja oder nein?", „Soll die Todesstrafe in Deutschland eingeführt werden?"

Empathieübung

Sich in die Gefühlswelt anderer hineinversetzen.

Kategorie: Gespräch
Thema: Diakonie, Gebet, Identität, Vertrauen
Zeitaufwand: 20 Minuten | **Gruppengröße:** bis 10, 10–20 | **Alter:** ab 12
Anspruch für die Leitung: 1 | **Anspruch für die Gruppe:** 1 | **Aufwand:** 1
Sozialform: Einzelarbeit, Partnerarbeit, Gruppenarbeit, Plenum

Material: Bild oder Text einer Person, Gedanken- und Sprechblasen, Stifte

Beschreibung
Die Fähigkeit zur Empathie ist eine wichtige soziale Kompetenz. Jugendlichen fällt es meist leichter, über andere zu reden als über sich selbst.
Die einfachste Form einer Empathieübung ist die Bildbetrachtung einer Person. Was denkt diese Person? Was empfindet sie? Was hat sie erlebt? Anspruchsvoller sind Texte oder Videos einer Person, die dafür mehr Anhaltspunkte für das Gespräch enthalten.
Methodisch hilft es, Sprech- oder Gedankenblasen zu verwenden und zunächst die Jugendlichen allein oder in kleinen Gruppen überlegen zu lassen, bevor man sich austauscht.

Variante
Die Person, in die die Jugendlichen sich einfühlen sollen, kann auch von einem Gruppenmitglied oder Mitarbeitenden gespielt werden. Dann können die Jugendlichen der Person z. B. einen Rat geben und diese kann ihn kommentieren.

Anwendungsbeispiel
Zum Thema Diakonie wird das Bild eines alten Menschen betrachtet und versucht, sich in seine Situation einzufühlen (nach: Krause, Cornelia / Fassel, Ute: Diakonie vor Ort. In: Anknüpfen – Praxisideen, 2013, S. 53).

Experte als Gast

Man lädt einen interessanten Menschen zum Gespräch ein.

Kategorie: Gespräch
Thema: Diakonie, Gerechtigkeit, Religionen
Zeitaufwand: 90 Minuten | **Gruppengröße:** 10–20, 20+ | **Alter:** ab 12
Anspruch für die Leitung: 1 | **Anspruch für die Gruppe:** 1 | **Aufwand:** 1
Sozialform: Plenum

Material: Beamer, Computer, Leinwand

Beschreibung
Immer wieder spannend ist es, sich einen Experten / eine Expertin in die Gruppe einzuladen.
Es ist hilfreich, wenn die Gruppenleitung ein Vorgespräch mit ihm/ihr führt. Auch vorbereitete Fragen können helfen. In der Regel wird der Experte / die Expertin zunächst eine Einführung zu sich als Person und seiner/ihrer Tätigkeit geben. Dann schließt sich eine offene Gesprächsrunde an. Hilfreich sind ein Film, Bilder oder eine PowerPoint-Präsentation, damit die Jugendlichen sich alles besser vorstellen können.

Variante
Wenn es um kontroverse Themen geht, kann man auch mehrere Gesprächspartner gleichzeitig einladen – etwa einen Banker / eine Bankerin und einen Sozialarbeiter / eine Sozialarbeiterin aus der Schuldnerberatung zum Thema „Was Geld mit uns macht".

Anwendungsbeispiel
Interessante Gesprächspartner/-partnerinnen könnten z. B. sein: ein Gefängnisseelsorger/-seelsorgerin, ein Vertreter / eine Vertreterin einer anderen Religion (Islam, Buddhismus, Judentum), spannende Berufe (Arzt/Ärztin, Dirigent/Dirigentin), Angehörige einer anderen Generation mit Erfahrungen aus Kriegszeiten, Menschen mit Anliegen (Umweltschutz, Datenschutz, Freiheitsrechte, Demokratie).

Fishbowl

Die Diskussion findet in einem Innenkreis mit besonderen Regeln statt.

Kategorie: Gespräch
Thema: Alle Themen
Zeitaufwand: 30 Minuten | **Gruppengröße:** 10–20, 20+ | **Alter:** ab 12
Anspruch für die Leitung: 1 | **Anspruch für die Gruppe:** 2 | **Aufwand:** 1
Sozialform: Plenum

Material: Stühle

Beschreibung

In manchen größeren Gruppen ist es gar nicht so einfach, Jugendliche zum Reden zu bringen, obwohl das Thema interessant ist. Da hilft manchmal die Methode Fishbowl, bei der es wie bei einem Aquarium innen aktive Fische gibt und draußen die interessierten Zuschauer/Zuschauerinnen.

In der Mitte des Kreises stehen zwei bis fünf Stühle. Das Gespräch kommt besser in Gang, wenn die Diskussion in Gruppen vorbereitet wird und jeweils einer/eine von jeder Gruppe benannt wird. Reden darf nur, wer auf einem der Diskussionsstühle sitzt. Wenn ein Diskutant / eine Diskutantin nicht mehr weiterreden will, darf er/sie aufstehen und eine andere Person nennen, die den Platz einnimmt.

Variante

Man kann erlauben, dass die Diskutanten in der Mitte Unterstützung bekommen, indem jemand hinter sie tritt und in ihrem Sinne argumentiert.

Anwendungsbeispiel

Zum Gebot „Ehre Vater und Mutter" werden zwei oder vier Gruppen gebildet, die überlegen, was dieses Gebot aus Eltern- bzw. Kindersicht bedeutet. Anschließend sitzen sich ein oder zwei Eltern und ein oder zwei Kinder gegenüber und diskutieren. Mögliche Fragen: Muss man immer tun, was die Eltern sagen? Ist es in Ordnung, seine Eltern gegen deren Willen ins Altersheim zu stecken?

Heißer Stuhl

Eine Person stellt sich den schwierigen oder persönlichen Fragen der Gruppenmitglieder.

Kategorie: Gespräch
Thema: Alle Themen
Zeitaufwand: 30 Minuten | **Gruppengröße:** 10–20, 20+ | **Alter:** ab 12
Anspruch für die Leitung: 2 | **Anspruch für die Gruppe:** 1 | **Aufwand:** 1
Sozialform: Plenum

Material: (besonderer) Stuhl

Beschreibung
Der heiße Stuhl stammt ursprünglich aus der Gruppenpsychotherapie und geht auf Fritz Perls zurück.
Er eignet sich für persönliche und schwierige Fragen, die jemandem gestellt werden dürfen. Alle aus der Gruppe dürfen einer Person Fragen stellen. Wichtig ist: Fragen dürfen notfalls abgelehnt werden, wenn sie zu persönlich sind.

Anwendungsbeispiel
Ein Leiter / eine Leiterin stellt sich auf dem heißen Stuhl Fragen zum Thema Sexualität und Lebensformen.
Gruppenmitglieder beantworten auf dem heißen Stuhl freiwillig Fragen über ihren persönlichen Glauben, über ihre Vorstellung vom Leben nach dem Tod, über die Werte, die ihnen im Leben wichtig sind.

Interviews führen
siehe Kategorie Outdoor/Unterwegs, S. 130

Ja-Nein-Rätsel
siehe Kategorie Quiz, S. 204

Kartenabfrage

Auf Moderationskarten beantworten alle gleichzeitig eine Frage.

Kategorie: Gespräch
Thema: Freundschaft, Jesus Christus
Zeitaufwand: 30 Minuten | **Gruppengröße:** 10–20 | **Alter:** ab 12
Anspruch für die Leitung: 1 | **Anspruch für die Gruppe:** 1 | **Aufwand:** 1
Sozialform: Einzelarbeit, Partnerarbeit, Gruppenarbeit, Plenum

Material: Moderationskarten, Filzstifte, Pinnwand, Digitalkamera

Beschreibung
Die Kartenabfrage eignet sich, um ein breites Spektrum von Meinungen zu bekommen. Zuerst erklärt man, worum es geht. Dann wird eine möglichst klare Frage formuliert, zu der jeder/jede eine oder mehrere Aussagen so groß auf eine Karte schreibt, dass man es auch aus der Entfernung lesen kann. Jede Antwort kommt auf eine eigene Karte. Anschließend werden die Antworten vorgestellt und an eine Pinnwand geheftet oder in der Mitte auf den Boden gelegt.
In einem zweiten Schritt wird überlegt, welche Cluster sich aus den Aussagen bilden lassen: Gibt es Gemeinsamkeiten oder Gegensätze? Über welche Punkte lohnt es sich ausführlicher ins Gespräch zu kommen? Das Ergebnis kann man mit einem Foto festhalten. Die Methode basiert auf dem Prinzip der Metaplan-Methode.

Variante
Die Karten können auch auf Zuruf von einem Assistenten / einer Assistentin oder in Gruppenarbeit ausgefüllt werden.

Anwendungsbeispiel
Zum Thema Freundschaft wird gefragt: „Was gehört zu einer guten Freundschaft? Schreibt alles auf, was euch einfällt." Anschließend kann man gemeinsam überlegen, ob und wie auch Jesus unser Freund sein kann. Welche der vorher gefundenen Aussagen passen zu ihm, welche nicht?

Kugellager

Austausch- und Diskussionsmöglichkeit mit hohem Durchmischungsfaktor.

Kategorie: Einstieg, Gespräch, Kennenlernen
Thema: Alle Themen
Zeitaufwand: 20 Minuten | **Gruppengröße:** 10–20, 20+ | **Alter:** ab 12
Anspruch für die Leitung: 1 | **Anspruch für die Gruppe:** 1 | **Aufwand:** 1
Sozialform: Gruppenarbeit, Plenum

Material: Glocke, Stoppuhr

Beschreibung
Die Jugendlichen verteilen sich auf zwei Gruppen. Sie stellen sich paarweise, mit dem Gesicht zueinander auf und bilden einen Innen- und Außenkreis (es bedarf einer geraden Personenzahl). Zuerst wird die Rotationsrichtung sowie Rotationszahl angegeben (z. B. „Der äußere Kreis rutscht zwei Personen nach links, der innere vier Personen nach rechts."). Darauf folgt eine Impulsfrage. Das neu konstituierte Gesprächspaar hat 4 Minuten Zeit (jeweils 2 Minuten) sich über die Frage auszutauschen (akustisches Signal nach 2 Minuten). Danach wird ein neuer Impuls gesetzt oder der vorherige wird, nach neuem Durchmischen, fortgesetzt. Es empfehlen sich fünf Rotationsvorgänge. Danach kann eine anonyme Auswertung erfolgen.
Die Methode basiert auf dem Prinzip des Karussellgesprächs von Heinz Klippert.

Anwendungsbeispiel
Mögliche Fragen: „Wie stellst du dir das Leben nach dem Tod vor?", „Wenn du Gott eine Frage stellen dürftest, was wäre das?", „Welcher Gesichtsausdruck beschreibt deinen bisherigen Tag?"

Memory-Kennenlernspiel
siehe Kategorie Kennenlernen, S. 26

Placemat

In einer Schreibdiskussion werden verschiedene Meinungen bearbeitet, um am Ende eine gemeinsame Position zu formulieren.

Kategorie: Gespräch
Thema: Alle Themen
Zeitaufwand: 30 Minuten | **Gruppengröße:** bis 10, 10–20, 20+ | **Alter:** ab 12
Anspruch für die Leitung: 1 | **Anspruch für die Gruppe:** 2 | **Aufwand:** 2
Sozialform: Gruppenarbeit, Plenum

Material: je Gruppe ein Placemat in Flipchartgröße oder DIN A3 mit Thema oder Fragestellung in der Mitte, Stoppuhr, akustisches Signal, Digitalkamera

Beschreibung

Menschen hatten schon immer verschiedene Ansichten und mussten sich einigen. Placemats sind viergeteilte „Tischdecken", auf denen die Felder mit verschiedenen Meinungen bearbeitet und am Schluss eine gemeinsame Position formuliert werden muss. Es werden Vierergruppen gebildet. Jeder/jede schreibt zunächst seine/ihre Meinung zu der Frage in das Feld, das vor ihm/ihr liegt. Das dauert etwa 2 bis 3 Minuten. Nach einem akustischen Signal wird das Blatt einmal um 90° gedreht. Jeder/jede kann jetzt kommentieren, was ein anderer / eine andere geschrieben hat, es bestätigen oder widersprechen. Es wird noch zweimal gedreht und kommentiert. Am Schluss muss sich die Gruppe in ein bis zwei Sätzen auf eine gemeinsame Antwort einigen, die alle geäußerten Meinungen aufgreift. Diese Antwort wird anschließend in der Gesamtgruppe vorgestellt.
Bei ungerader Personenzahl können auch Fünfer- oder Dreier-Placemats verwendet werden. Die Ergebnissätze sollten nach der Vorstellung aufgehängt und (fotografisch) dokumentiert werden.

Placemat

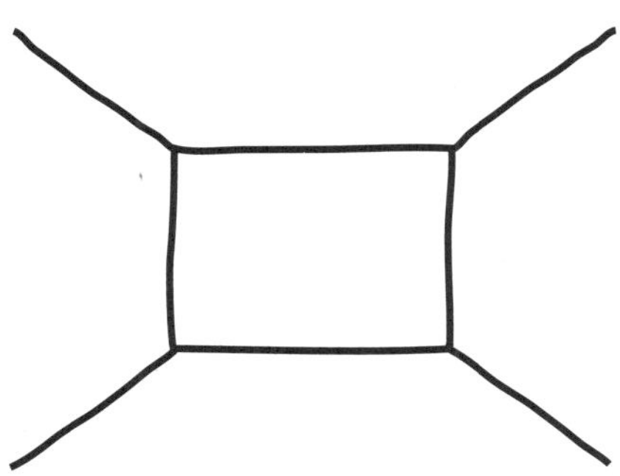

Variante
Die Diskussionsthemen können auch zusammen mit der ganzen Gruppe festgelegt werden.

Anwendungsbeispiel

- Umgang mit anderen Religionen (Beispiel: Ebinger, Thomas: Andere glauben anders – (k)ein Grund, sich zu streiten? In: Anknüpfen – Praxisideen, 2013, S. 140)
- Kindertaufe oder Erwachsenentaufe
- Schöpfung, Glaube und Naturwissenschaft
- Werteprioritäten

Plakat gestalten

siehe Kategorie Text, S. 142

Position beziehen / Vier-Ecken-Spiel

siehe Kategorie Einstieg, S. 35

Post-it®-Fragen

Im Kirchenraum hängt man eine Haftnotiz mit einer Frage an einen Gegenstand, zu dem man mehr wissen will.

Kategorie: Gespräch
Thema: Kirche
Zeitaufwand: 30 Minuten | **Gruppengröße:** 10–20, 20+ | **Alter:** ab 12
Anspruch für die Leitung: 1 | **Anspruch für die Gruppe:** 1 | **Aufwand:** 1
Sozialform: Einzelarbeit, Plenum

Material: verschieden farbige, große Post-it®-Zettel, Stifte

Beschreibung

Jeder/jede bekommt ein oder mehrere Post-it®-Zettel. Darauf formuliert jeder/jede mindestens eine Frage und heftet sie an den Gegenstand oder Ort, auf den sich die Frage bezieht. Bei einem Gang durch die Kirche versucht man so gut es geht, gemeinsam die Fragen zu klären. Die Gruppenleitung kann auch eigene Fragen aushängen, um Schwerpunkte zu setzen.
Die Methode lebt davon, dass man auch besonders wertvolle oder sogar „heilige" Gegenstände wie ein Kruzifix berühren darf, allerdings kann ein Hinweis nicht schaden, dass man in der Kirche mit ihrer wertvollen Ausstattung bitte vorsichtig sein und nichts beschädigen soll.

Variante

Bevor man gemeinsam die Fragen klärt, versucht jeder/jede eine Frage einer anderen Person auf einem andersfarbigen Post-it® zu beantworten und hängt die Antwort daneben.

Anwendungsbeispiel

An einem Grabmal in der Kirche hängt ein Zettel mit der Frage „Wurde man früher tatsächlich **in** der Kirche beerdigt?" Die Antwort: „Ja, das gab es tatsächlich. Dafür hat man dann den Fußboden geöffnet und die Person (nur besondere Persönlichkeiten) darunter beerdigt. Den Menschen früher war es wichtig, möglichst nah am Altar der Kirche beerdigt zu sein, der als besonders heilig galt."

Pro- und Kontralisten

Die Jugendlichen sollen Konsequenzen diverser Inhalte abwägen, Pro- und Kontralisten erstellen und sich schließlich positionieren.

Kategorie: Gespräch, Text
Thema: Alle Themen
Zeitaufwand: 20 Minuten | **Gruppengröße:** bis 10, 10–20, 20+ | **Alter:** ab 12
Anspruch für die Leitung: 1 | **Anspruch für die Gruppe:** 1 | **Aufwand:** 1
Sozialform: Einzelarbeit, Partnerarbeit, Plenum

Material: Infomaterialien, Papier, Stifte

Beschreibung
Die Jugendlichen beschäftigen sich mithilfe verschiedener Infomaterialien eingehend mit einem Thema, das dann auf eine bestimmte Problemstellung zugespitzt wird. Danach sollen sie in Einzel- oder Partnerarbeit Pro- und Kontralisten erstellen. Es empfiehlt sich, eine grobe inhaltliche Vorgabe zu machen (z. B. nicht weniger als drei Punkte pro Liste). Danach sollen sich die Jugendlichen, je nach ihrer eigenen Position, im Raum verteilen (siehe Methode Zahlenstrahl in Kategorie Einstieg, S. 41). Erst jetzt werden die unterschiedlichen Listenergebnisse vorgestellt und diskutiert. Danach kann eine erneute Positionierung vorgenommen werden, deren, eventuell veränderte, Ergebnisse wiederum zur Diskussion stehen.

Anwendungsbeispiel
Mögliche Problemstellungen, die von den Jugendlichen mithilfe unterschiedlicher Materialien gut vorbereitet werden sollten:

- Kirchenaustritt – ja oder nein?
- Flüchtlinge – raus oder rein?
- Todesstrafe – sinnvoll oder nicht?
- Mobbing – eingreifen oder zuschauen?

Schlimmer geht es immer noch ...

Ein Entscheidungsspiel, das den Gerechtigkeitssinn provoziert und Diskussionen anregt.

Kategorie: Gespräch, Spiel
Thema: Gerechtigkeit, Theodizee
Zeitaufwand: 90 Minuten | **Gruppengröße:** 10–20, 20+ | **Alter:** ab 12
Anspruch für die Leitung: 3 | **Anspruch für die Gruppe:** 3 | **Aufwand:** 2
Sozialform: Einzelarbeit, Plenum

Material: bunte Klebezettel, Papiere mit Biografie-Informationen

Beschreibung
Diese Methode eignet sich dazu, das Gerechtigkeitsempfinden der Jugendlichen infrage zu stellen.
Vorbereitend erstellt der/die Leitende diverse Papiere mit Biografie-Informationen. Es werden verschiedene, fiktive Personen konstruiert, aus deren Leben pro neuer Runde neue Details bekannt gegeben werden.
Die Jugendlichen sitzen im Kreis und erhalten einen Klebezettel (z. B. in gelb). Der Arbeitsauftrag lautet: „Stellt euch vor, ihr seid heute an Gottes Stelle. Ihr entscheidet über Leben und Tod. Ich stelle euch jetzt verschiedene Menschen vor, die bereits gestorben sind. Ihr dürft euren Klebezettel auf die Person legen, die ihr ‚retten' wollt. Die Person mit den meisten Klebezetteln darf leben, die anderen nicht." Der/die Leitende legt nach und nach die jeweiligen Zettel (für die erste Runde) in die Mitte des Kreises und liest diese vor. Die Jugendlichen müssen sich nun positionieren. Dann werden die Ergebnisse betrachtet und diskutiert.
Danach erhalten die Jugendlichen einen neuen Klebezettel (z. B. in lila) und die Biografien werden um je einen Zettel erweitert. Wieder müssen sich die Jugendlichen positionieren, und die Ergebnisse werden diskutiert.
Es empfiehlt sich, dieses Spiel ca. drei bis vier Runden lang zu spielen. Der/die Leitende sollte die Diskussionen gut anleiten. Am Ende könnte ein Zettel mit biblischem Input ausgeteilt werden, der dann in Verbindung mit den Ergebnissen diskutiert wird.

Anwendungsbeispiel

Mögliche Merkmale der Biografien bezüglich der Theodizeeproblematik:

- Runde eins (Was wissen wir?):
  1. Säugling, 3 Monate
  2. Arzt, 42 Jahre, Ehefrau und 3 Kinder
  3. Sozialarbeiter, 56 Jahre, arbeitet mit Straßenkindern
  4. Jugendliche, 15 Jahre, Klassensprecherin
- Runde zwei (An was sind die Personen gestorben?):
  1. verhungert
  2. erstochen
  3. Alkoholiker
  4. Suizid
- Runde drei (Was wissen wir noch?):
  1. lebt in einem Kriegsgebiet
  2. geht oft ins Bordell
  3. spendet alles Geld, das er verdient, an soziale Einrichtungen
  4. wird im Internet gemobbt
- Biblischer Input: z. B. Jesaja 55,8

Schreibgespräch

siehe Kategorie Einstieg, S. 38

Social Media Wall

siehe Kategorie Computer, S. 190

Speeddating

Schneller und vielfältiger Austausch innerhalb einer Gruppe.

Kategorie: Abschluss, Einstieg, Feedback, Gespräch, Gruppendynamik, Kennenlernen
Thema: Alle Themen
Zeitaufwand: 30 Minuten | **Gruppengröße:** 10–20, 20+ | **Alter:** ab 6
Anspruch für die Leitung: 1 | **Anspruch für die Gruppe:** 2 | **Aufwand:** 1
Sozialform: Partnerarbeit, Plenum

Material: Stühle, Papier, Stifte, Stoppuhr, akustisches Signal

Beschreibung
Die Jugendlichen teilen sich in zwei Gruppen auf und sitzen sich in einer Reihe gegenüber. Um eine Durchmischung zu fördern, könnte der/die Leitende eine Anweisung geben (z. B. „Alle, die außen sitzen, rutschen drei Stühle nach links."). Die Leitung stellt eine zu diskutierende Frage, die dann von den Paaren in 3 Minuten diskutiert wird. Die Ergebnisse werden schriftlich fixiert. Nach einem akustischen Signal werden die Paare neu gemischt, indem sie einen Stuhl weiterrücken. Eine neue Frage wird gestellt. Wenn sich alle Paare einmal besprochen haben, werden die Ergebnisse vorgestellt.

Variante
Wenn diese Methode als Kennenlernspiel verwendet wird, empfiehlt es sich, bei der Ergebnissicherung den Namen des Gegenübers zu nennen und diesen auch im Raum ausfindig zu machen. „XY hatte eine spannende Antwort zu Frage X. Ich sehe ihn/sie da hinten stehen."

Anwendungsbeispiel
Für alle Gelegenheiten anwendbar.

Stationengespräch

Die Jugendlichen tauschen sich mithilfe von Gesprächsimpulsen aus, die auf verschiedene Stationen verteilt sind.

Kategorie: Abschluss, Einstieg, Gespräch
Thema: Alle Themen
Zeitaufwand: 30 Minuten | **Gruppengröße:** 10–20, 20+ | **Alter:** ab 12
Anspruch für die Leitung: 1 | **Anspruch für die Gruppe:** 2 | **Aufwand:** 2
Sozialform: Partnerarbeit, Gruppenarbeit, Plenum

Material: Plakate, Kreppband, Moderationskarten, Stifte, akustisches Signal

Beschreibung
Die Methode eignet sich zur Hinführung oder Vertiefung von Themen. Die Thesen oder Textpassagen werden auf Plakaten im Raum verteilt. Die Jugendlichen werden in Kleingruppen aufgeteilt. Wenn das akustische Signal ertönt, sollen die Plakate gelesen und anhand der Fragestellung diskutiert werden. Die Ergebnisse können auf Moderationskarten fixiert werden. Ertönt das Signal wieder, sollen sich die Kleingruppen neu ordnen und zu einer neuen Station weiterziehen. Wenn alle Stationen in diversen Gruppenkonstellationen bearbeitet worden sind, können die Ergebnisse im Plenum stationsweise vorgestellt werden.

Anwendungsbeispiel
Mögliche Thesen für Stationen: Statements („Flüchtlinge haben keinen Platz in Deutschland!“, „Gott ist tot?!“), Texte (z. B. die verschiedenen Bitten des Vaterunsers – auf je ein Plakat).

Streichholzreflexion
siehe Kategorie Feedback, S. 219

Theologisieren

Gemeinsam über zentrale Fragen der Theologie nachdenken.

Kategorie: Gespräch
Thema: Bibel, Glaubensbekenntnis, Gott, Religionen, Schöpfung, Sterben und Tod, Theodizee
Zeitaufwand: 60 Minuten | **Gruppengröße:** bis 10, 10–20 | **Alter:** ab 12
Anspruch für die Leitung: 2 | **Anspruch für die Gruppe:** 2 | **Aufwand:** 1
Sozialform: Gruppenarbeit, Plenum

Material: Texte aus der Bibel, Theo-Kartei (siehe Downloads zum Buch)

Beschreibung
Theologie ist nicht nur eine Wissenschaft, die an Universitäten gelehrt wird, jeder Mensch, schon jedes Kind hat eine eigene Theologie und legt sich Antworten auf die großen Fragen nach Gott und der Welt zurecht. Dass diese Theologien nicht minderwertig sind, sondern Ausdruck einer eigenständigen Denkwelt, ist die Grundthese der sogenannten Kinder- und Jugendtheologie. Es geht ihr nicht um die Vermittlung von „richtiger" und „falscher" Theologie, sondern darum, Denkanstöße zur Weiterentwicklung der eigenen theologischen Gedankenwelt zu geben.
Wenn sich die Gesprächsthemen in bestimmten Situationen nicht von allein ergeben, hilft es, Anstöße zu geben:

- Bibeltexte (z. B. Wundergeschichten oder Texte, in denen es um Aussagen über Gott, die Schöpfung und die jenseitige Welt geht)
- (Kurz-)Filme
- Religionskritische Texte

Ziel ist die Beschäftigung mit den großen Fragen der Theologie, die über die Jahrhunderte immer wieder neu bedacht wurden:

- **Gott:** Wie ist er, was kann er, wie kann man ihn denken? Wie erfahren wir von ihm? Führt er uns durchs Leben? Hat er die Welt erschaffen?
- **Theodizee:** Warum gibt es das Leid? Lässt Gott es zu? Hat es einen Sinn? Warum leiden auch gute Menschen?
- **Glaube:** Was ist das und warum glauben Menschen? Was ist der Ursprung der Religion? Wie verhält er sich zu den Naturwissenschaften?

➡

- **Bibel:** Wie muss man sie verstehen? Wie kann sie „Gottes Wort" sein?
- **Tod und ewiges Leben:** Wie geht es nach dem Tod weiter? Was bedeutet Ewigkeit?
- **Jesus und Heiliger Geist:** War Jesus Gott? Wie wirkt Gottes Kraft in uns?

(nach: Freudenberger-Lötz, Petra: Theologische Gespräche mit Jugendlichen. Erfahrungen – Beispiele – Anleitungen. Ein Werkstattbuch für die Sekundarstufe, Kösel/Calwer, München/Stuttgart 2012)

Anwendungsbeispiel

Die Theo-Kartei, die Herbert Kolb mit freundlicher Genehmigung zur Verfügung gestellt hat, bietet zahlreiche Impulsfragen, um ins Gespräch zu kommen. Jeder/jede ist reihum dran, deckt eine Karte auf und sagt ehrlich seine/ihre Meinung zu dieser Frage. Andere aus der Gruppe dürfen auch ihre Ansicht sagen. Die Leitungsperson fragt gezielt nach: „Wie stellst du dir das vor?" „Wie bist du zu dieser Überzeugung gekommen?" (siehe Downloads zum Buch)

Think-Pair-Share

Informationen werden durch verschiedene Schritte erarbeitet
und schließlich der Gruppe vorgestellt.

Kategorie: Gespräch, Text
Thema: Alle Themen

Zeitaufwand: 60 Minuten	**Gruppengröße:** bis 10, 10–20, 20+	**Alter:** ab 12
Anspruch für die Leitung: 1	**Anspruch für die Gruppe:** 2	**Aufwand:** 1

Sozialform: Einzelarbeit, Partnerarbeit, Plenum

Material: Papier, Stifte, Materialblätter, Präsentationsmaterialien, Bilder

Beschreibung

Diese Methode, zuerst entwickelt von Frank Lyman und seitdem häufig variiert, eignet sich für die Erarbeitung von vielen kleineren und unterschiedlichen Themen. Sie gliedert sich in einen Dreischritt: 1. think, 2. pair, 3. share, der die jeweiligen Arbeitsphasen beschreibt. Die Jugendlichen erarbeiten in der 1. Phase in Einzelarbeit ein Thema (ca. 10 Minuten) und fixieren dieses schriftlich. In Phase 2 suchen sie sich einen Partner / eine Partnerin, der/die ein anderes Thema erarbeitet hat, und tauschen sich darüber aus. Danach sollten beide über das Thema des/der anderen Bescheid wissen. Wichtig ist hier, dass sich die beiden Themen aufeinander beziehen. Die Ergebnisse werden schriftlich festgehalten. (ca. 10–15 Minuten). In der 3. Phase (15–20 Minuten) werden die unterschiedlichen Ergebnisse der Paare dem Plenum präsentiert, wieder werden die Ergebnisse gesichert und diskutiert. Die Darstellungsformen in der 3. Phase sollten einen gewissen Grad der Reflexion widerspiegeln (mit weiterführender Frage zur Gruppendiskussion) und können durchaus kreativ (z. B. als Diagramm, Bild, Lied, Video) umgesetzt werden.

Anwendungsbeispiel

Da diese Methode sehr kognitiv ist, empfiehlt es sich, immer auch „alternative" Formen anzubieten. Einzelne Jugendliche könnten z. B. in der 1. Phase auch in einer Art „Galerie" Bilder mit einem bestimmten Arbeitsauftrag betrachten (z. B. „Was siehst du?" „Wo hast du eine Frage?" „Wie wird z. B. Jesus hier dargestellt?"). Andere bearbeiten in der 1. Phase zum Bild passende Bibeltexte. In der 2. Phase könnten sie so voneinander profitieren, indem sie in der 3. Phase z. B. ein eigenes Bild ihrer Interpretation malen, vorstellen und mit einer selbst formulierten Fragestellung zur Diskussion stellen.

Umriss

siehe Kategorie Spiritualität, S. 113

Verswahl

siehe Kategorie Text, S. 147

Zeuge, Zweifler und ich?

siehe Kategorie Spiritualität, S. 115

KATEGORIE:
KREATIV

Bildergeschichte

siehe Kategorie Text, S. 135

Bildnerisches Gestalten

Mit Ton oder Knete plastisch gestalten.

Kategorie: Kreativ
Thema: Alle Themen
Zeitaufwand: 90 Minuten | **Gruppengröße:** bis 10, 10–20 | **Alter:** ab 6
Anspruch für die Leitung: 2 | **Anspruch für die Gruppe:** 2 | **Aufwand:** 3
Sozialform: Einzelarbeit, Partnerarbeit, Gruppenarbeit

Material: Ton, Knete, Gips, Pappmaché, Salzteig, Modellierwerkzeuge, Unterlagen/Bretter als Arbeitsfläche, Digitalkamera

Beschreibung
Die Räume, in denen modelliert wird, müssen gut vorbereitet sein, die Tische sind abgedeckt, das Werkzeug liegt bereit.
Die billigste Modelliermasse ist Ton, den es in verschiedenen Farben gibt, allerdings ist Ton brüchig, wenn er nicht gebrannt wird (Kunstwerke fotografieren).
Am besten modelliert jeder/jede einzeln, notfalls sind auch Gruppen von drei bis vier Personen möglich. Ein Brett als Unterlage erleichtert den Transport und die Aufbewahrung.
Es kann hilfreich sein, vorher Skizzen anfertigen zu lassen, dann dauert es nicht so lange, bis das Kunstwerk erstellt ist.

Anwendungsbeispiel
Thema Abendmahl: Man kann mit Jugendlichen gut Abendmahlskelche und -geräte töpfern, die dann für die gemeinsame Abendmahlsfeier verwendet werden.
Thema Schöpfung: Gott formte den Menschen, als sein Ebenbild, aus Ton.

Bodenbilder

Visualisierung von Thematiken und Gefühlen durch kreative Legetechniken.

Kategorie: Abschluss, Einstieg, Kreativ
Thema: Alle Themen
Zeitaufwand: 20 Minuten | **Gruppengröße:** bis 10, 10–20, 20+ | **Alter:** ab 6
Anspruch für die Leitung: 2 | **Anspruch für die Gruppe:** 2 | **Aufwand:** 2
Sozialform: Einzelarbeit, Partnerarbeit, Gruppenarbeit, Plenum

Material: Tücher, Naturmaterialien, Glassteine, Figuren, Kerzen, Musik, Abspielgerät, Kommentarkärtchen, Digitalkamera

Beschreibung
Grundsätzlich kann ein Bodenbild zu allen möglichen Thematiken erarbeitet werden. Es gibt vier Phasen. In der Hinführungsphase wird die Aufgabenstellung vorgegeben und die Jugendlichen können sich einstimmen (z. B. mit leiser Hintergrundmusik). In der Materialphase machen sich die Jugendlichen mit den Materialien vertraut. In der Bauphase werden die Bodenbilder in Einzel-, Paar- oder Kleingruppen erstellt. Anschließend folgt ein Museumsgang, sodass die Jugendlichen die Bodenbilder der anderen betrachten können. Sie haben die Gelegenheit, Eigenheiten der entstandenen Bilder mit Symbolkärtchen zu kommentieren. Danach kann eine inhaltlich vertiefende Phase folgen. Es empfiehlt sich, die Bilder zu fotografieren. (Beispiel: www.bit.ly/2bmiKq6, letzter Zugriff am 28.11.2017.)

Anwendungsbeispiel
Die entstandenen Fotos der Bilder eignen sich z. B. für eine Ausstellung, die die Jugendlichen organisieren. Auch wäre es möglich, dass sie „Führungen" für die Gemeinde anbieten.
Mögliche Themen könnten sein: Gott, Vaterunser, Psalmen, Identität, Träume, Ideale.

Collage

siehe Kategorie Abschluss, S. 224

Escape Game

siehe Kategorie Gruppendynamik, S. 149

Fotostory

siehe Kategorie Computer, S. 187

Freeze and go! Kurzfilme mit Methode

siehe Kategorie Theater, S. 197

Fußspuren

Fußspuren werden kreativ gestaltet.

Kategorie: Kreativ
Thema: Identität, Jesus Christus
Zeitaufwand: 30 Minuten | **Gruppengröße:** bis 10, 10–20, 20+ | **Alter:** ab 6
Anspruch für die Leitung: 1 | **Anspruch für die Gruppe:** 1 | **Aufwand:** 1
Sozialform: Einzelarbeit, Gruppenarbeit

Material: ausgedruckte Fußspuren, Scheren, Stifte, Klebeband, Leinentuch, Acrylfarbe oder Fingermalfarbe, Zeitungen, Laminiergerät

Beschreibung

Jeder wünscht sich, im Leben Spuren zu hinterlassen, die für andere sichtbar und wertvoll sind. Fußspuren sind ein Symbol für den Lebensweg.
Als Gruppenbild kann man ein Leinentuch gestalten, auf dem jeder/jede seine/ihre Fußspuren hinterlässt. Dafür werden die Füße farbig bemalt und alle laufen ein paar Schritte über das Leinentuch.
Jeder/jede kann aber auch einzeln einen oder mehrere Füße gestalten. Dafür werden Fuß-Vorlagen in DIN A4 oder DIN A3 ausgedruckt. Aus den schön gestalteten Füßen entsteht am Ende ein Weg. Wenn man die Füße laminiert, kann man diesen Weg sogar im Freien auslegen.

Anwendungsbeispiel

Für einen Jugendgottesdienst wird ein meditativer Weg zum Thema „Schritte auf dem Weg mit Gott" vorbereitet. Dafür überlegt sich jeder/jede, welche Schritte für ihn/sie wichtig waren, und gestaltet damit einen Fuß. Auf weitere Füße kommen Bibelverse zum Thema Weg, Führung, Füße und Schritte.
Eine Konfigruppe gestaltet mit Füßen ihren Weg durch das Konfijahr. Was waren besonders wichtige und eindrückliche Stationen?

Graffiti malen

Ein Graffiti entsteht.

Kategorie: Kreativ
Thema: Alle Themen
Zeitaufwand: 180 Minuten | **Gruppengröße:** bis 10, 10–20 | **Alter:** ab 12
Anspruch für die Leitung: 3 | **Anspruch für die Gruppe:** 3 | **Aufwand:** 3
Sozialform: Gruppenarbeit, Plenum

Material: Konzeptpapier, Spraydosen, Abdeckfolie, Projektor

Beschreibung
Graffitis haftet immer noch der Ruf des Verwegenen und Verbotenen an, dabei gibt es eine ganze Kunstszene, die auf Graffiti schwört. Gerade das Großflächige fasziniert an Graffitis. Ideal ist es, wenn man dauerhaft eine Wand verschönern kann, egal ob drinnen oder draußen. Aber auch auf Leinentüchern oder Folie kann man sprayen und das Ergebnis dann flexibel einsetzen.
Man beginnt damit, eine Idee zu entwickeln: Was soll das Thema sein, welche Textbotschaft soll transportiert werden? Wie sieht das Farbkonzept aus?
Anschließend wird auf Konzeptpapier experimentiert und der beste Entwurf immer weiter optimiert. Den Entwurf kann man dann entweder frei auf die Wand sprühen oder mithilfe eines Videoprojektors bei Dämmerung oder Dunkelheit zunächst als Skizze auf die große Fläche übertragen.
Eine übliche Dose reicht je nach Deckungsgrad für 4–5 m^2 Fläche.

Anwendungsbeispiel
Eine Mauer vor dem Gemeindehaus wird mit einem schönen Bibelzitat geschmückt. Im Jugendraum werden alle Namen der Gruppenmitglieder auf die Wand gesprüht. Dabei sollte man genug Luft lassen für neue Mitglieder, die sich bei Gelegenheit ebenfalls verewigen dürfen.

In Bilder hineinschlüpfen

Fotografietechnik, bei der man Teil eines projizierten Bildes wird.

Kategorie: Kreativ
Thema: Abendmahl, Bibel, Gruppe, Identität
Zeitaufwand: 30 Minuten | **Gruppengröße:** bis 10, 10–20 | **Alter:** ab 12
Anspruch für die Leitung: 2 | **Anspruch für die Gruppe:** 2 | **Aufwand:** 3
Sozialform: Gruppenarbeit, Plenum

Material: Laptop und Beamer, digitales Bild/Foto, weiße Leinentücher, helle Taschenlampe, Klebeband, Papier, Stifte, Digitalkamera

Beschreibung
Man projiziert ein geeignetes Bild/Foto auf eine große Leinwand oder weiße Wand. Die Akteure/Akteurinnen kleiden sich in ein weißes Leinentuch und lassen nur die Körperteile herausschauen, die später sichtbar sein sollen. Bei dunklen Motiven lohnt es sich, mit einer kräftigen Taschenlampe sehr gezielt die meist zu dunklen Körperteile anzuleuchten, dann muss man später mit der Bildbearbeitung nicht so stark manuell aufhellen.
Fotografiert wird möglichst aus der Perspektive des Beamers, dann sieht man keine Schatten. Sehr einfach ist es, Texte in Textblasen auf weißes Papier zu schreiben und dann mit Klebeband zu befestigen.
Die Fotos werden ohne Blitz aufgenommen. Meist müssen die Bilder noch ein wenig nachbearbeitet werden: Man erhöht die Farbsättigung, die durch die Projektion nachgelassen hat. Wenn die Körperteile zu dunkel sind, kann man sie selektiv aufhellen.
Gut geeignet als Ausgangsbilder sind alle Fotos, die von den Größenverhältnissen her zu Menschen passen. Natürlich kann man mit den Größenverhältnissen auch spielen und z. B. zeigen, wie es aussieht, wenn jemand die Welt in der Hand hält.

Variante
Die Jugendlichen können die Bilder, in die sie hineinschlüpfen wollen, auch selbst im Internet suchen oder mit der Digitalkamera aufnehmen. So kann man z. B am örtlichen Kirchturm hochklettern, ohne sein Leben zu gefährden.

Anwendungsbeispiel
Die Methode eignet sich gut, wenn man sich in andere Personen hineinversetzen will. Das kann eine Person sein, die man toll findet, es kann aber auch ein Gemälde mit einer Szene aus der Bibel sein. Die Sätze, die die Person sagt, kann man als Sprechblase gestalten oder die Personen auch tatsächlich sprechen lassen und das Ganze als Video festhalten.
Motivideen: Abendmahlsszene, Jesus und seine Jünger, Plan B: „Ich wäre einmal gern wie ...", Reiselust: Einmal in Jerusalem sein ...

Inszenierte Fotografie

Ein persönliches Bild wird aufwändig inszeniert.

Kategorie: Kreativ
Thema: Alle Themen
Zeitaufwand: 180 Minuten | **Gruppengröße:** 10–20, 20+ | **Alter:** ab 12
Anspruch für die Leitung: 3 | **Anspruch für die Gruppe:** 3 | **Aufwand:** 3
Sozialform: Einzelarbeit, Gruppenarbeit, Plenum

Material: Verkleidung, Requisiten, Digitalkamera, Holzrahmen

Beschreibung

Diese Bilder leben von ungewöhnlichen Kombinationen der Gegenstände, Körperhaltungen und Umgebungen.
Die Jugendlichen werden in kleine Gruppen von drei bis fünf Personen eingeteilt, die sich bei der Konzeption gegenseitig beraten und beim Aufbau des Bildes unterstützen. Jeder/jede soll sein/ihr eigenes, persönliches Bild entwickeln, das in Ruhe aufgebaut und zum Schluss möglichst professionell abgelichtet wird. Die Gruppenleitung steht die ganze Zeit zur Beratung zur Verfügung und versucht, auch verrückte Ideen möglich zu machen. Die Bilder müssen anschließend gut präsentiert werden, z. B. in einem Gottesdienst oder einer Ausstellung. Jeder/jede erhält ein großformatiges Bild seiner Inszenierung als Geschenk überreicht.

Variante

Es können auch optische Rahmenbedingungen vorgegeben werden, etwa ein großer Holzrahmen (2 × 2 m) oder eine Bühne. Dadurch gewinnen die Bilder eher den Charakter einer Serie.

Anwendungsbeispiel

Was meinem Leben Hoffnung gibt ...
Was mir mein Konfirmationsspruch bedeutet ... (Als Regel gilt: Im Bild muss irgendwo auch der Konfirmationsspruch als Text vorkommen.)

Inszenierte Miniatur-Fotografie

Eine Person wird mittels Foto verkleinert und in einem neuen Kontext fotografiert.

Kategorie: Kreativ
Thema: Identität, Kirche
Zeitaufwand: 90 Minuten | **Gruppengröße:** bis 10, 10–20, 20+ | **Alter:** ab 12
Anspruch für die Leitung: 2 | **Anspruch für die Gruppe:** 1 | **Aufwand:** 3
Sozialform: Einzelarbeit, Gruppenarbeit

Material: Digitalkamera (je Gruppe oder Person), Farbdrucker, Fotopapier, scharfe Scheren, Tesafilm, Lichtquellen

Beschreibung
Diese Methode lebt davon, dass die Größenverhältnisse nicht zueinander passen.
Jede Person wird zunächst in einer ungewöhnlichen Pose fotografiert, z. B. kniend.
Das Foto wird im typischen Kleinbildformat (9 × 13) auf Fotopapier ausgedruckt. Falls man keinen Fotodrucker hat, kann man die Bilder auch bei einem Fotodienst entwickeln lassen.
Jeder/jede schneidet sein/ihr Bild an den Umrissen der Person mit einer scharfen Schere sauber aus. Dann geht es los auf die Suche nach spannenden Umgebungen, in denen man sich selbst in Szene setzen möchte. Auch Gemeinschaftsbilder sind möglich.
Die entstandenen Bilder können anschließend präsentiert werden.

Anwendungsbeispiel
Ich im Kirchenraum: Wo fühle ich mich im Kirchenraum wohl? Was drückt mein Verhältnis zu Gott am besten aus?

Kerzen gestalten
siehe Kategorie Spiritualität, S. 105

Kisten bauen

In einem Karton entsteht eine persönliche Welt.

Kategorie: Kreativ
Thema: Identität, Sterben und Tod
Zeitaufwand: 60 Minuten | **Gruppengröße:** bis 10, 10–20, 20+ | **Alter:** ab 12
Anspruch für die Leitung: 1 | **Anspruch für die Gruppe:** 1 | **Aufwand:** 3
Sozialform: Einzelarbeit, Gruppenarbeit

Material: Schuhkartons oder Umzugskisten, Klebstoff, Stoffe, verschiedene Papiersorten, Scheren, Kreativmaterial, Farben, Digitalkamera

Beschreibung
Mithilfe von Kisten kann man richtige Räume gestalten.
Wichtig ist es, ausreichend anregendes Material da zu haben (z. B. Spielgeld, kleine Fußbälle).
Jeder/jede gestaltet einzeln eine Kiste oder mehrere zusammen einen Umzugskarton (innen weiß grundiert).
Für die Präsentation werden die Kisten geschlossen ins Plenum gebracht und dann der Reihe nach geöffnet. Die Kisten können später für eine Ausstellung verwendet werden oder man fotografiert sie.

Anwendungsbeispiel
Jenseitskisten: Jugendliche geben in kleinen Gruppen ihren inneren Hoffnungsbildern vom Jenseits Gestalt. Nach der Präsentation werden zwischen zwei Gruppen die Kisten getauscht und außen Begriffe auf die Kiste geschrieben, welche Wünsche, Träume, Hoffnungen und Ängste durch die Gestaltung zum Ausdruck kommen. Über ihre Wahrnehmungen tauschen sich die Gruppen schließlich aus (nach: Keßler, Hans-Ulrich / Nolte, Burkhardt: Konfis auf Gottsuche. Praxismodelle für eine handlungsorientierte Konfirmandenarbeit, Gütersloher Verlagshaus, Gütersloh 2009, S. 116 ff.).

Kokosnuss-Anhänger

Als Andenken wird Schmuck gebastelt.

Kategorie: Kreativ
Thema: Alle Themen
Zeitaufwand: 90 Minuten | **Gruppengröße:** bis 10, 10–20 | **Alter:** ab 12
Anspruch für die Leitung: 1 | **Anspruch für die Gruppe:** 2 | **Aufwand:** 2
Sozialform: Einzelarbeit

Material: Kokosnüsse, Esslöffel, Hammer, Laubsägen, Feilen, Sandpapier, Akkuhandbohrer (2 mm), Stift, Speiseöl

Beschreibung
Als erstes wird die Kokosnuss mit dem Hammer geöffnet, die Milch abgeschüttet und das Mark mit einem Löffel herausgelöst.
Die Schale wird nun in handliche Stücke gebrochen und Anhängerformen auf die Innenseiten gezeichnet. Mit der Laubsäge kann man die Form aussägen und ein Loch zum Aufhängen bohren. Die Außenseite wird zuerst mit der Feile, danach mit dem Sandpapier geglättet, bis eine dunkelbraune, glatte Oberfläche entsteht.
Zum Schluss reibt man den Anhänger mit Speiseöl ein.

Anwendungsbeispiel
Man kann die Anhängerformen passend zum Thema wählen, z. B. ein Kreuz zum Thema Kreuzigung und Auferstehung oder ein Kelch zum Thema Abendmahl.

Kreuzmosaik
siehe Kategorie Spiritualität, S. 106

Kreuzweg gestalten

Gemeinsam werden die Stationen eines Kreuzweges gestaltet.

Kategorie: Kreativ, Outdoor/Unterwegs
Thema: Bibel, Jesus Christus, Sterben und Tod
Zeitaufwand: 180 Minuten | **Gruppengröße:** 10–20, 20+ | **Alter:** ab 12
Anspruch für die Leitung: 2 | **Anspruch für die Gruppe:** 2 | **Aufwand:** 3
Sozialform: Einzelarbeit, Partnerarbeit, Gruppenarbeit

Material: Malkarton, Farben, Pinsel

Beschreibung
Das Kreuz, an dem Jesus gestorben ist, ist das zentrale Symbol des christlichen Glaubens. Im Rahmen einer Kreuzwegandacht geht man die Stationen ab, liest die passende Bibelstelle und meditative Gedanken vor, singt eventuell ein kurzes Lied.
Es empfiehlt sich, sowohl von der künstlerischen Gestaltung als auch von den Inhalten her klare Schwerpunkte zu setzen. Bei der Auswahl der Stationen kann man sich direkt an einem Evangelium orientieren oder lässt sich von den klassischen vierzehn Stationen inspirieren.

Variante
Ein Kreuzweg kann auch mit Naturmaterialien im Wald gestaltet werden. Dafür verwendet man die Methode Landart in der Kategorie Outdoor/Unterwegs (siehe S. 131)

Anwendungsbeispiel
Ideal passt ein solcher Kreuzweg in die Passionszeit. Aber auch in der Adventszeit, einer klassischen Fastenzeit, ist er denkbar. (Weitere Ideen: Kammerer, Stefan: durchKREUZt. Mit Konfirmand/innen einen Kreuzweg malen. In: Anknüpfen – Praxisideen 2013, S. 449; www.jugendkreuzweg-online.de, letzter Zugriff am 28.11.2017.)

Landart
siehe Kategorie Outdoor/Unterwegs, S. 131

Lernstationen bauen
siehe Kategorie Erlebnispädagogik, S. 161

Lightpainting

Mittels Langzeitbelichtung malt man in der Dunkelheit mit Licht.

Kategorie: Kreativ
Thema: Heiliger Geist, Konfirmation
Zeitaufwand: 80 Minuten | **Gruppengröße:** bis 10, 10–20, 20+ | **Alter:** ab 12
Anspruch für die Leitung: 3 | **Anspruch für die Gruppe:** 2 | **Aufwand:** 3
Sozialform: Gruppenarbeit, Plenum

Material: starke Taschenlampe, (farbige) Lichter, gute Digitalkamera mit Langzeit belichtung, Stativ, farbige Filter-Folie, Schablonen, Computer zur Bildbearbeitung, Karten mit Bibelvers (siehe Downloads zum Buch)

Beschreibung
Am besten eignet sich für Lightpainting eine digitale Spiegelreflex- oder Systemkamera, manche Digitalkameras haben aber auch einen „Feuerwerk"-Modus. Man stellt eine möglichst lange Belichtungszeit ein, mindestens 10 Sekunden, besser 30. Sinnvoll ist ein Stativ. Kameraeinstellung: hohe Blendenzahl (kleine Blende), das bringt mehr Schärfentiefe, und eine kleine ISO-Zahl, damit das Bildrauschen nicht zu stark wird.
Man braucht eine lichtstarke, fokussierbare Taschenlampe zur selektiven Beleuchtung von Gegenständen. Zum direkten Malen in die Kamera eignen sich alle Lichter, die ruhig schwach sein dürfen (z. B. Wunderkerzen, Taschenlampen, LED-Lichterketten). Schablonen vor einer Taschenlampe oder einem Foto-Blitz ergeben Lichtstempel, farbige Filter-Folie ermöglicht Farbeffekte. Außerdem kann man mit einer Schnur zum Schleudern der Lampen arbeiten.
Licht kann man vor und hinter der Kamera machen, auch beide Effekte gleichzeitig oder in Ruhe hintereinander. Achtung: Das Licht hinter der Kamera ist deutlich schwächer und muss länger angelassen werden.
Die Helligkeitseinstellungen muss man nachjustieren, wenn das Bild zu dunkel wird: die ISO-Zahl erhöhen oder die Blende etwas weiter öffnen.
Wichtig ist die Nachbearbeitung der Bilder mit einer Bildbearbeitung. Man sollte den Schwarzpunkt korrigieren, das ist der Punkt, ab dem ein Grauwert schwarz dargestellt wird. Die Helligkeit ändert man am besten mithilfe der Gammakorrektur. Beides geht gut mit dem kostenlosen Open-Source Programm gimp (www.gimp.org, letzter Zugriff am 28.11.2017). (Beispiel: www.medienpaedagogik-praxis.de/wp-content/uploads/2012/09/Kolloquium_Lightpainting.pdf, letzter Zugriff am 28.11.2017.)

Variante
Groß ausgedruckte Texte können mithilfe von Lightpainting veranschaulicht und in ein neues Licht gerückt werden.

Anwendungsbeispiel
- Gruppenbild „Gemeinschaft der Heiligen“: Alle bekommen einen Heiligenschein (Beispiel: Ebinger, Thomas: Die Gemeinschaft der Heiligen. Lightpainting macht sie sichtbar. In: anKnüpfen update 2.2, 2015, S. 57–62)
- Menschen als Engel
- Gebetshaltungen in der Kirche in Szene gesetzt
- Orte und Gegenstände in der Kirche inszenieren (Karten mit Bibelvers im Download zum Buch)

Minecraft/Minetest
siehe Kategorie Computer, S. 189

Mission possible
siehe Kategorie Spiritualität, S. 109

Mobile

Ein Mobile zeigt schön, wie verschiedene Elemente im Gleichgewicht sind.

Kategorie: Kreativ
Thema: Gerechtigkeit, Gruppe
Zeitaufwand: 120 Minuten | **Gruppengröße:** bis 10, 10–20, 20+ | **Alter:** ab 6
Anspruch für die Leitung: 2 | **Anspruch für die Gruppe:** 2 | **Aufwand:** 3
Sozialform: Einzelarbeit, Partnerarbeit, Gruppenarbeit, Plenum

Material: Stäbe, Schnur, Elemente (z. B. Kugeln), Texte, Bilder

Beschreibung
Zuerst werden die einzelnen Mobile-Elemente gestaltet, die ruhig unterschiedlich groß sein können. Anschließend wird das Mobile von unten nach oben ins Gleichgewicht gebracht. Besonders schön ist ein Mobile, wenn es auch außergewöhnliche Gleichgewichtssituationen abbildet: Elemente, die man von außen nicht als schwer erkennt; Elemente, die mithilfe der Hebelgesetze viele andere im Gleichgewicht halten.

Anwendungsbeispiel
Es wird gemeinsam überlegt, was der Gruppe wichtig ist. Die Ergebnisse werden als Element gestaltet (z. B. als Quader oder Holzbrett). Die Gewichtung wird deutlich durch die Größe der Elemente und die Position im Mobile.
Man kann auch ein Gruppenmobile bauen, auf dem jeder/jede sich in Porträtform vorstellt oder seinen/ihren Konfirmationsspruch oder Lieblingsvers aus der Bibel gestaltet.
Ein Mobile eignet sich auch, um Themen darzustellen, bei denen Gerechtigkeit und Ungerechtigkeit eine Rolle spielen (Ressourcenverbrauch, ökologischer Fußabdruck).

Paracord-Armband

Ein Armband als Andenken knüpfen.

Kategorie: Kreativ
Thema: Freundschaft
Zeitaufwand: 45 Minuten | **Gruppengröße:** bis 10, 10–20 | **Alter:** ab 12
Anspruch für die Leitung: 3 | **Anspruch für die Gruppe:** 2 | **Aufwand:** 2
Sozialform: Einzelarbeit

Material: Paracord-Schnur (ca. 3 m pro Armband), Schließen, Schere, Feuerzeug

Beschreibung
Eine ausführliche Anleitung in Bildern findet man bei YouTube oder auch unter www.ausgeruestet.com/2009/07/anleitung-survival-armband.html, letzter Zugriff am 28.11.2017.
Zunächst misst man den Umfang des Handgelenks (plus 2 cm Luft). Anschließend wird die Schnur halbiert und die Schließe mit Ankerstich eingeknotet. Schließe dabei nicht verdrehen.
Die losen Enden werden nun verknotet, bis der ganze Raum zwischen den Schließen geflochten ist. Die Knoten dabei immer wieder nach oben schieben. Zum Schluss werden die Enden abgeschnitten, mit einem Feuerzeug angeschmolzen und platt gedrückt.

Anwendungsbeispiel
Das Armband bietet eine schöne Erinnerung an das gemeinsam Erlebte, z. B. auf einem Camp. Natürlich kann es auch an einen netten Menschen verschenkt werden.

Scherenschnitt

Die Silhouette eines Kopfes oder Gegenstandes wird in Papierform verewigt.

Kategorie: Kreativ
Thema: Identität, Schöpfung
Zeitaufwand: 60 Minuten | **Gruppengröße:** 10–20 | **Alter:** ab 12
Anspruch für die Leitung: 2 | **Anspruch für die Gruppe:** 2 | **Aufwand:** 2
Sozialform: Partnerarbeit

Material: helle Lampe oder Overheadprojektor, weißes Papier, schwarzes Tonpapier, Scheren, Kleber, Beamer und Computer

Beschreibung
Der Scherenschnitt ist eine uralte Kulturtechnik, die die Chinesen zur Meisterschaft gebracht haben. An einer Wand wird ein großes, weißes Papier angebracht. Darauf wird der Kopf im Profil projiziert und mit Bleistift umrandet. Die Bleistiftzeichnung schneidet man mit einer guten Schere aus und befestigt sie auf dem schwarzen Tonpapier.
Da das Abzeichnen des Schattens seine Zeit braucht, ist es gut, mehrere Lichtstationen zu haben oder den Scherenschnitt als Teil einer Stationenarbeit zu verwenden.

Variante
Mithilfe eines Overheadprojektors können Gegenstände auch gut vergrößert werden. Dafür legt man sie auf die Glasfläche.

Anwendungsbeispiel
Aus den einzelnen Scherenschnitten kann ein schönes Gruppenporträt entstehen. Zusätzlich zum Kopf gestaltet jeder noch einen Scherenschnitt mit einem Gegenstand, der für ihn typisch ist. Man kann auch geeignete Bilder aus dem Internet per Beamer projizieren und ausschneiden.

Schminken

Zeig ein anderes Gesicht.

Kategorie: Kreativ
Thema: Gebote, Identität
Zeitaufwand: 45 Minuten | **Gruppengröße:** bis 10, 10–20 | **Alter:** ab 6
Anspruch für die Leitung: 2 | **Anspruch für die Gruppe:** 2 | **Aufwand:** 3
Sozialform: Partnerarbeit

Material: Faschingsschminke, Tagescreme, Papiertücher, Schminkschwämmchen, Pinsel, Schminkspiegel, Digitalkamera

Beschreibung
Das auch bei uns immer populärer werdende, aus Indien stammende Holi-Festival zeigt: Farbe und Schminken sind beliebt, nicht nur an Fasching. Auch bei Männern kommt Schminken im Alltag allmählich in Mode.
Bevor Farbe aufgetragen wird, empfiehlt es sich, das Gesicht mit einer Tagescreme einzureiben. Es werden Paare gebildet, die sich gegenseitig schminken. Je konkreter der Auftrag ist, was ausgedrückt werden soll, desto besser.

Anwendungsbeispiel
Verschiedene Mächte und Kräfte bestimmen unser Leben. Diese können gut durch Schminkgesichter dargestellt werden. Mächte, die unser Leben bestimmen sind z. B.: Geld, Fernsehen, Autoritätspersonen (Eltern, Lehrer), Politik, Internet. Wie kann das in einem geschminkten Gesicht zum Ausdruck kommen? Die dargestellte Macht wird als Text beim Fotografieren vor das Gesicht gehalten (nach: Wildermuth, Bernd: Die apokalyptischen Reiter oder Geister gibt es überall. In: Anknüpfen – Praxisideen, 2013, S. 170 f.).

Skulpturenbau

Ein plastisches Kunstwerk entsteht.

Kategorie: Kreativ
Thema: Alle Themen
Zeitaufwand: 45 Minuten | **Gruppengröße:** bis 10, 10–20, 20+ | **Alter:** ab 12
Anspruch für die Leitung: 1 | **Anspruch für die Gruppe:** 1 | **Aufwand:** 2
Sozialform: Gruppenarbeit, Plenum

Material: Bausteine (LEGO®, Holz), Kreativmaterial, Figuren, Digitalkamera

Beschreibung
Zu verschiedenen Aspekten eines Themas baut jede Gruppe ein Kunstwerk, in das sie ihre Gedanken hineinlegt.
Nach einer Präsentationsphase versuchen zunächst die anderen Gruppen das Kunstwerk zu deuten, bevor die Künstler/Künstlerinnen ihr Kunstwerk erklären. Abschließend wird von jeder Skulptur ein Foto gemacht.
Es ist wichtig, ansprechendes Baumaterial zur Verfügung zu haben, das auch symbolischen Mehrwert hat.

Anwendungsbeispiel
Zu den Bitten des Vaterunsers entstehen Skulpturen. Die Bitten werden groß aufgeschrieben und bilden einen Teil des Kunstwerkes (nach: Wildermuth, Bernd / Conrad, Jörg: Ein Lebensbegleiter – das Vaterunser. In: Anknüpfen – Praxisideen, 2013, S. 76).

Stationengottesdienst
siehe Kategorie Spiritualität, S. 112

Stop-Motion-Video
siehe Kategorie Computer, S. 191

Stuhl gestalten

Jeder/jede gestaltet seinen/ihren persönlichen Stuhl.

Kategorie: Kreativ
Thema: Gottesdienst, Identität, Kirche
Zeitaufwand: 120 Minuten | **Gruppengröße:** bis 10, 10–20 | **Alter:** ab 12
Anspruch für die Leitung: 2 | **Anspruch für die Gruppe:** 2 | **Aufwand:** 3
Sozialform: Einzelarbeit

Material: Stühle, Acrylfarben, Bootslack, Dispersionsklebstoff, Pinsel, Zeitschriften, Bibeln, Eddings, Schleifpapier, Spraydosen, Schablonen

Beschreibung
Wenn man einen Stuhl selbst gestalten möchte, eignen sich ausrangierte Holzstühle, gern auch vom Sperrmüll. Man kann aber auch einfache, unlackierte Holzstühle kaufen. Die Stühle müssen mit Schleifpapier leicht angeraut werden. Es gibt verschiedene Techniken, mit denen die Stühle gestaltet werden können. Aus Zeitschriften werden Motive ausgerissen und mit Dispersionsklebstoff auf den Stuhl aufgebracht. Mit Acrylfarben kann gemalt werden, die Eddings dienen zum Schreiben. Auch Spraydosen und Schablonen können verwendet werden.
Damit später alles hält und nichts abfärbt, werden die bearbeiteten Flächen noch mit Bootslack lackiert (nach: Trenn, Olaf / Witting, Christian: Platz nehmen. Ein Projekt mit Stühlen zur Konfirmation, KU Praxis 55 (2010), S. 17–28).

Variante
Auch einfache Papphocker, wie sie beim Kirchentag verwendet werden, lassen sich schön gestalten.

Anwendungsbeispiel
Die Jugendlichen sollen ihren Platz in der Gemeinde und im Gottesdienst finden. Sie können ihre Stühle beim Einzug in den Gottesdienst feierlich hereintragen und dann darauf Platz nehmen. Der Stuhl kann als Ausdruck der eigenen Persönlichkeit gestaltet sein.

Tape Art

Bilder und Räume schaffen mit Klebeband.

Kategorie: Kreativ
Thema: Alle Themen
Zeitaufwand: 60 Minuten | **Gruppengröße:** bis 10, 10–20 | **Alter:** ab 12
Anspruch für die Leitung: 1 | **Anspruch für die Gruppe:** 1 | **Aufwand:** 1
Sozialform: Einzelarbeit, Partnerarbeit, Gruppenarbeit

Material: Gewebeklebeband, Kreppklebeband, Isolierband

Beschreibung
Tape Art ist Kunst mit Klebeband. Klebeband lässt sich auf vielfältige Weise einsetzen und ermöglicht eine Gestaltung auf Zeit. Mögliche Gestaltungsflächen sind Wände, Böden oder Gegenstände.
Wichtig im Umgang mit Klebeband ist es, zuvor den Untergrund zu testen! Lässt sich das Klebeband wieder restlos ablösen? Beim Aufbau eines Tape Art-Projektes ist es wichtig, erst einen Zugang zum Medium „Klebeband" und seinen Möglichkeiten zu schaffen. Dies kann z. B. durch die Gestaltung eines persönlichen Tisches geschehen.
Nun können auch größere Projekte in Gruppen umgesetzt werden. Aktuelle Themen oder glaubensbezogene Themen können ein Ansatzpunkt für die Kunstprojekte sein.

Variante
Kreppklebeband: bekommt man in verschiedenen Farben.
Isolierband: ist dehnbar und lässt sich auch in Kurven legen.

Anwendungsbeispiel
Mögliche Projektthemen: Kreuz, Tod und Auferstehung, Schöpfung und Glauben, meine Welt – deine Welt ...
Tape Art eignet sich sehr gut für Gemeindehäuser.

(Vor)angespielt

siehe Kategorie Theater, S. 201

Werbeplakat gestalten

Für eine Veranstaltung, ein Produkt oder ein Anliegen wird ein Werbeplakat gestaltet und ausgehängt.

Kategorie: Kreativ
Thema: Bibel, Gerechtigkeit, Gottesdienst, Konfirmation
Zeitaufwand: 60 Minuten | **Gruppengröße:** 10–20, 20+ | **Alter:** ab 12
Anspruch für die Leitung: 1 | **Anspruch für die Gruppe:** 1 | **Aufwand:** 2
Sozialform: Gruppenarbeit

Material: Tonpapier (DIN A2 oder größer), Stifte, Farben, Kreativmaterial, Zeitschriften

Beschreibung
Die Gestaltung eines Werbeplakates führt zu einer intensiven Beschäftigung mit dem beworbenen Produkt, auch wenn man sich mit diesem zunächst nicht voll identifizieren kann.
Wie bei Werbeagenturen kann es eine Ausschreibung geben: In einer ersten Phase werden die Entwürfe eingereicht, dann wird gemeinsam überlegt, welche Plakate in Serie gehen können. Oder man lässt von vornherein die Freiheit, Plakate selbst zu gestalten.

Variante
Werbung kann natürlich auch online gemacht werden: auf einer Homepage, in sozialen Netzwerken, durch ein Video, das womöglich viral wird.

Anwendungsbeispiel
Mögliche Ideen:

- Die Gruppe gestaltet Werbeplakate für einen (Jugend-)Gottesdienst oder die Konfirmation (Beispiel: Conrad, Jörg: Tut mir auf die schöne Pforte. In: Anknüpfen – Praxisideen, 2013, S. 159).
- Sie wirbt für die Teilnahme an der Gruppe oder am nächsten Konfijahrgang.
- Sie gestaltet Werbeplakate zu einzelnen Büchern der Bibel.
- Es wird überlegt, welche gesellschaftliche Herausforderung in den Medien zu kurz kommt. Wie könnte ein Kampagnenplakat aussehen?

Zuckerkreiden-Malerei

Mit Kreide, die in Zuckerwasser eingelegt wurde, entstehen leuchtkräftige Kunstwerke.

Kategorie: Kreativ
Thema: Gott, Liebe
Zeitaufwand: 30 Minuten | **Gruppengröße:** bis 10, 10–20, 20+ | **Alter:** ab 6
Anspruch für die Leitung: 1 | **Anspruch für die Gruppe:** 1 | **Aufwand:** 3
Sozialform: Einzelarbeit

Material: farbige Kreide, Zucker, Wasser, Messbecher, Schüssel, Esslöffel, schwarzes Tonpapier, Fixierspray

Beschreibung

Malen reißt Jugendliche nicht unbedingt vom Hocker. Mehr Spaß macht es mit ungewöhnlicheren Farben wie der Zuckerkreide. Dafür werden farbige Kreidestücke etwa 10 Minuten in gezuckertes lauwarmes Wasser eingelegt (etwa zwei Esslöffel Zucker pro Viertelliter). Anschließend lässt man die Kreidestücke kurz abtropfen, schon sind sie einsetzbar.

Die Zuckerkreide lädt zum großflächigen, ausdrucksstarken Malen ein. Die Bilder können anschließend noch mit einem Fixierspray haltbarer gemacht werden. Das ist aber nur notwendig, wenn man sie aufeinandergelegt transportieren will.

Anwendungsbeispiel

Jeder/jede zeichnet – angeregt von Bibelversen – ein Bild, was für ihn/sie Liebe bedeutet. Jeder/jede malt sein/ihr Bild von Gott. Dafür kann man zur Inspiration vorher verschiedene Gottesbilder zeigen – abstrakte und konkrete.

KATEGORIE: SPIRITUALITÄT

10 aus 55

siehe Kategorie Einstieg, S. 30

Andacht/Liturgie

Eine Andacht dient der Besinnung auf Gott und ist eine Kurzform von Gottesdienst.

Kategorie: Spiritualität
Thema: Gottesdienst
Zeitaufwand: 15 Minuten | **Gruppengröße:** bis 10, 10–20, 20+ | **Alter:** ab 6
Anspruch für die Leitung: 2 | **Anspruch für die Gruppe:** 2 | **Aufwand:** 2
Sozialform: Plenum

Material: Liederbücher, Bibeln, Kerzen, Dekomaterial, Musik, Abspielgerät, Gebetbücher, Klangschale

Beschreibung
Eine Andacht passt an den Anfang oder ans Ende einer Einheit, besonders gut in Kirchenräume. Anders als bei Gottesdiensten bleibt bei Andachten die Gruppe meist unter sich. In diesem geschützten Raum lassen sich leichter Dinge ausprobieren. Besonders gelungen sind Andachten, bei denen Jugendliche selbst die Verantwortung übernehmen.

Variante
Man kann im Rahmen der Andacht auch Bibeltexte fortlaufend lesen.

Anwendungsbeispiel
- Vorbereitung: Wir sitzen im Kreis. Die Kerze wird entzündet. Wir hören auf den Ton der Klangschale.
- Lied: Wir singen ein Lied.
- Psalm/Bekenntnis: Wir sprechen miteinander z. B. Psalm 23.
- Ein Impuls zur Bibel: Wir hören auf den Bibeltext (vorher ausgewählt).
- Kurze Auslegung: Wir hören eine anschließende Erklärung (Warum wurde gerade
- dieser Text ausgewählt? Was sagt der Abschnitt aus über Gott, Jesus, uns Menschen?).
- Gebet: Wir sprechen ein eigenes Gebet, danach das Vaterunser.

Biografiearbeit

Beschäftigung mit der eigenen Vergangenheit.

Kategorie: Spiritualität
Thema: Gott, Identität, Taufe
Zeitaufwand: 60 Minuten | **Gruppengröße:** bis 10, 10–20 | **Alter:** ab 12
Anspruch für die Leitung: 3 | **Anspruch für die Gruppe:** 2 | **Aufwand:** 1
Sozialform: Plenum

Material: Seil, Karten (rot/grün), Stifte, alterstypische Gegenstände, Teelichter, Schale mit Wasser

Beschreibung
Mit einem langen Seil wird eine Spirale gelegt und typische Lebensalter mit Karten markiert.
Nun kann jeder/jede auf grüne Karten positive und auf rote Karten schwere Ereignisse schreiben. Diese werden an die passende Stelle der Spirale gelegt. Die Leitungsperson lässt anschließend die Karten vorlesen und fragt, ob jemand etwas zu seiner/ihrer Karte sagen möchte. Ein persönlicher Austausch schließt sich an. Wichtig: Alles, was erzählt wird, bleibt in der Gruppe.

Variante
Die Lebensphasen können auch durch Gegenstände (z. B. Schnuller) markiert werden.

Anwendungsbeispiel
In der „Taufspirale" wird in die Mitte eine Schale mit Wasser gestellt. Sie steht u. a. für Taufe. Bei welchen Ereignissen in der Spirale war Gott besonders spürbar? An diese Karten wird ein Teelicht gestellt (nach: Hinderer, Martin / Tröndle, Theodor: Taufe – meinem Leben auf der Spur, In: Anknüpfen – Praxisideen, 2013, S. 213–217).

Fantasiereise

siehe Kategorie Inklusiv/Basal, S. 168

Gebetsbox

Die Jugendlichen gestalten ihre eigenen Gebetskarten.

Kategorie: Spiritualität
Thema: Alle Themen
Zeitaufwand: 5 Minuten | **Gruppengröße:** bis 10, 10–20, 20+ | **Alter:** ab 6
Anspruch für die Leitung: 1 | **Anspruch für die Gruppe:** 2 | **Aufwand:** 1
Sozialform: Einzelarbeit, Plenum

Material: bunte Papierkarten (Größe von Karteikarten), Kiste, Stifte, Bastelmaterialien (Zeitschriften, buntes Papier), Klebestifte, Stifte, Textbausteine (Gebet), Laminiergerät

Beschreibung
Eine Gebetsbox eignet sich als ein fester Bestandteil des Anfangs- oder Abschiedsrituals in einer Gruppe. Nach einer thematischen Einführung in das Gebet dürfen die Jugendlichen ihre eigene Gebetskarte gestalten. Sie können ihr Gebetsanliegen selbst formulieren oder mithilfe eines „Textbausteines" (z. B. diverse bekannte Gebete) erarbeiten. Auch sollte es möglich sein, dass die Jugendlichen ihre Gebetskarten individuell gestalten. Es empfiehlt sich, die Karten danach zu laminieren. Für das Anfangs- oder Abschiedsritual kann von einem/einer Jugendlichen nun eine Gebetskarte gezogen werden, die dann verlesen wird. Wenn sich der „Autor / die Autorin" der Karte dazu äußern möchte („Warum mir dieses Gebet wichtig ist ..."), darf er/sie das anschließend tun.

Anwendungsbeispiel
Die Karten können auch als Fürbitten im Gottesdienst verwendet oder als eine Art Gebetsgalerie ausgestellt werden.

Gebetsmeditation

Eine Art Fantasiereise, die zu einem Gebet hinführt.

Kategorie: Spiritualität
Thema: Gebet, Rituale, Schöpfung
Zeitaufwand: 10 Minuten | **Gruppengröße:** bis 10, 10–20, 20+ | **Alter:** ab 12
Anspruch für die Leitung: 2 | **Anspruch für die Gruppe:** 1 | **Aufwand:** 1
Sozialform: Plenum

Material: Gebetsmeditationen

Beschreibung
Gebetsmeditationen führen über innere Bilder hin zum freien, eigenen Gebet. Sie eignen sich gut als Anfangsritual über mehrere Wochen hinweg. Die Gruppe sitzt im Kreis, am besten mit einer liturgisch gestalteten Mitte.
Impuls: Setz dich bequem auf deinen Stuhl. Spür die Lehne, die Sitzfläche. Stell beide Füße auf den Boden. Die Hände kannst du bequem auf den Oberschenkeln ablegen. Werde ganz still und schließ deine Augen.
Der Text wird bewusst langsam und mit passenden Pausen vorgelesen. (Beispiele in: Gollsch, Dorothea: Gebetsmeditation. In: anKnüpfen update 2.1, 2014, S. 47–52; www.anknuepfen.de/materialien/themen/bookletsearch/Booklet/articleDetail/59.html, letzter Zugriff am 28.11.2017.)

Anwendungsbeispiel
Eine Gebetsmeditation zum Thema Körper
Atme ruhig ein – und wieder aus. Ein – und wieder aus. Spürst du, wie deine Lunge sich mit Luft füllt. Wie dein Bauch sich bewegt, vor und zurück. Atmen heißt Leben. Dein ganzer Körper ist voller Leben und Energie. Geh in Gedanken zu deinen Füßen, die jetzt ruhig auf dem Boden stehen. Stell dir vor, wie du mit ihnen stehen, gehen, rennen kannst. Du hast Arme und Hände. Schwere Lasten kannst du damit tragen und feine, kleine Bewegungen ausführen. Spürst du deine zehn Finger? Gehe sie einzeln durch und stell dir vor, was du alles mit ihnen machen kannst.
Und deinen Kopf trägst du oben. Mit deinem Gehirn denkst du, deine ganze Persönlichkeit steckt darin. Du kannst diesen Kopf anderen zuwenden, ein freundliches Gesicht zeigen oder hilfesuchend schauen. Wen möchtest du anlächeln, gerade jetzt?
Dein ganzer Körper ist ein Wunderwerk Gottes. Ich danke dir dafür, Gott, dass ich wunderbar gemacht bin, das erkennt meine Seele (Ps 139,14). Und ich glaube, dass du, Gott, mich geschaffen hast wie alle anderen Geschöpfe auch, mit Leib und Seele, Augen, Ohren und allen Gliedern, mir Vernunft und alle Sinne gegeben hast und sie mir auch in Zukunft erhältst.

➡

Sage Gott jetzt, wofür du ihm dankbar bist. Falte dazu deine Hände, indem du die Finger ineinanderlegst. (längere Pause)
Mit deinem Körper kannst du fühlen. Manchmal fühlen wir auch Schmerz, spüren wir, dass die Kraft fehlt. Vielleicht tut dir gerade jetzt etwas weh. Oder denk an den letzten Schmerz, den du empfunden hast. Auch das kannst du Gott sagen. Gott hört unser Weinen und Klagen. Bring alles im Gebet vor Gott. (längere Pause)
Beende nun dein Gebet, schließe es mit Amen ab und öffne deine Hände wieder. Strecke sie nach oben so weit du kannst, öffne deine Augen wieder und komm zurück zu all den anderen in diesem Raum.

Gebetswand

Wünschen, Gebeten und Klagen einen Platz geben.

Kategorie: Spiritualität
Thema: Gebet, Gottesdienst
Zeitaufwand: 10 Minuten | **Gruppengröße:** bis 10, 10–20 | **Alter:** ab 12
Anspruch für die Leitung: 1 | **Anspruch für die Gruppe:** 1 | **Aufwand:** 2
Sozialform: Einzelarbeit

Material: 20 Papphocker, Umzugskisten oder Hohlziegel, Zettel/Post-its®, Stifte, Klebeband

Beschreibung

Diese Methode eignet sich gut, um die Statements vieler Personen festzuhalten und sichtbar zu machen. Jeder/jede überlegt hierbei für sich und bringt seine/ihre Meinung dann an die Wand, welche aus Papphockern aufgebaut wird. Hierfür eignen sich Post-it®-Zettel sehr gut, die dann an die Wand geheftet werden können. Denkimpulse (z. B. Satzanfänge auf der Wand) können beim Formulieren der eigenen Meinung und Gedanken hilfreich sein.

Anwendungsbeispiel

Anwendungen in einem Stationengottesdienst (siehe Kategorie Spiritualität, S. 112):

- Fürbittenwand: Fürbitten formulieren und anheften
- Diskussionswand zum Thema: (z. B. „Ich glaube ...", „Ich glaube nicht ...")
- Klagemauer: Dinge, die ich gern loswerden möchte formulieren, kleinfalten und in die Ritzen der Hocker stecken (Hocker aneinander befestigen!)

Gegenstandsandacht

Eine einfache Form der Andacht.

Kategorie: Spiritualität
Thema: Rituale
Zeitaufwand: 5 Minuten | **Gruppengröße:** bis 10, 10–20, 20+ | **Alter:** ab 6
Anspruch für die Leitung: 2 | **Anspruch für die Gruppe:** 1 | **Aufwand:** 1
Sozialform: Einzelarbeit, Plenum

Material: anregende Gegenstände, Papier, Stifte

Beschreibung
Diese Methode möchte allen Mut machen, selbst eine Andacht vorzubereiten.
Die folgenden Schritte können beim Vorbereiten helfen:

- Thema/Gegenstand festlegen: Gut eignen sich z. B. Lieder, Gegenstände, Bilder
- Was fällt mir dazu ein? Assoziationen, Gedanken, Fragen zum Gegenstand aufschreiben
- Was für eine Gruppe habe ich? Was könnte der Gruppe wichtig sein?
- Gibt es einen theologischen Bezug? Was erzählt der Gegenstand über Gott?
- Was will ich sagen? Kernaussage in einem Satz formulieren

Neben den eigenen Ideen und Gedanken spielt auch der Rahmen eine wichtige Rolle. Der Raum und die Anordnung der Personen bestimmen mit, wie das Gesagte oder Erlebte aufgenommen werden. Eine ruhige gemütliche Atmosphäre erleichtert das Zuhören.

Anwendungsbeispiel
Fundkiste der Gedanken: Jeder/jede sucht sich einen Gegenstand oder zieht einen aus einer Kiste. Alle bekommen 20 Minuten Zeit, sich allein mit ihrem Gegenstand auseinanderzusetzen. Danach werden die Gedanken und Ideen zu den Gegenständen im Plenum ausgetauscht. In der Kiste könnten sein: Schrauben, Pflaster, Ringe, Holzstücke, Ü-Ei-Figuren, Schlüssel, Streichhölzer, Nüsse, Steine, Teelichter, Watte.

Hindurchfließender Segen

Ein Segen im Kreis mit aufgelegten Händen.

Kategorie: Abschluss, Spiritualität
Thema: Rituale, Segen
Zeitaufwand: 5 Minuten | **Gruppengröße:** 10–20, 20+ | **Alter:** ab 6
Anspruch für die Leitung: 1 | **Anspruch für die Gruppe:** 1 | **Aufwand:** 1
Sozialform: Plenum

Material: keines

Beschreibung
Gottes Segen kommt von oben her zu uns, er fließt aber auch durch uns hindurch. Durch andere Menschen erleben wir, dass wir gesegnet sind. Dies kommt in dieser Form des Segens gut zum Ausdruck. Gott sagte schon zu Abraham (1. Mose 12,2): Ich will dich segnen und du sollst ein Segen sein.
Die Gruppe steht im Kreis. Jeder/jede legt dem rechten Nachbarn / der rechten Nachbarin die Hand auf die linke Schulter, stützend und motivierend etwas von hinten. Die linke Hand wird offen nach oben zu Gott hin ausgestreckt. Dann spricht der/die Gruppenleitende (oder alle gemeinsam) einen einfachen Segen in Wir-Form (z. B.: „Der Herr segne uns und behüte uns. Der Herr lasse sein Angesicht leuchten über uns. Der Herr erhebe sein Angesicht auf uns und gebe uns Frieden. Amen.").

Anwendungsbeispiel
Für jede Gelegenheit anwendbar.

Kerzen gestalten

Kerzen mit Schrift, Mustern und Symbolen verzieren.

Kategorie: Kreativ, Spiritualität
Thema: Gottesdienst, Kirche
Zeitaufwand: 60 Minuten | **Gruppengröße:** bis 10, 10–20 | **Alter:** ab 6
Anspruch für die Leitung: 1 | **Anspruch für die Gruppe:** 2 | **Aufwand:** 3
Sozialform: Einzelarbeit, Partnerarbeit

Material: mittelgroße Kerzen, Kerzenstifte mit Flüssigwachs oder Wachsplatten in verschiedenen Farben, Unterlagen

Beschreibung

Bei Konfigruppen ist sie ein Klassiker: Die Konfikerze, die jeder/jede für sich gestaltet und die im Gottesdienst brennt. Aber auch eine Jugendgruppe kann sich individuelle Kerzen gestalten – für jeden/jede persönlich zu Hause oder für die gemeinsame Andacht. Die Stifte ermöglichen feine Schrift, man muss aber vorsichtig mit ihnen umgehen, damit nicht alles verspritzt. Für flächige Formen sind die Wachsplatten besser geeignet. Man kann auch beide Techniken kombinieren.

Anwendungsbeispiel

Jeder/jede gestaltet seine/ihre persönliche Kerze, die mit dem Namen versehen wird. Gestaltet werden kann sie mit christlichen Symbolen oder auch mit dem, was jemandem im Leben wichtig ist. Die Gruppenleitung sollte darauf achten, dass die Motive auch zum Verwendungszweck der Kerzen passen.
Oder die Gruppe gestaltet jeweils einen Satz von Kerzen passend zum Kirchenjahr, die für die Andacht oder den Gottesdienst in der Kirche genutzt werden können.

Kreuzmosaik

Ein Kreuz aus Einzelbildern zusammensetzen.

Kategorie: Kreativ, Spiritualität
Thema: Abendmahl, Freundschaft, Glaubensbekenntnis, Gott, Jesus Christus, Schöpfung
Zeitaufwand: 60 Minuten | **Gruppengröße:** 10–20, 20+ | **Alter:** ab 12
Anspruch für die Leitung: 1 | **Anspruch für die Gruppe:** 1 | **Aufwand:** 3
Sozialform: Einzelarbeit, Plenum

Material: Kreuzgerüst: 1 Holzstück 110 x 15 cm, 3 Holzstücke 30 x 15 cm, 24 Holzstücke 15 x 15 x 0,8–2 cm, Acrylfarben, Klarlack, Leim, Pinsel

Beschreibung
Gemeinsam wird ein Kreuz gestaltet. Die Holzstücke zurechtsägen (oder im Baumarkt machen lassen) und aus den vier Holzstücken das Kreuzgerüst zusammenleimen (siehe Skizze).
Jeder/jede bekommt eine oder mehrere der Holzstücke und kann diese gestalten. Nach dem Bemalen sollten die einzelnen Stücke mit Klarlack überzogen werden, um sie haltbar zu machen. Zuletzt werden alle Brettchen auf das Kreuzgerüst geleimt.

Kreuzmosaik

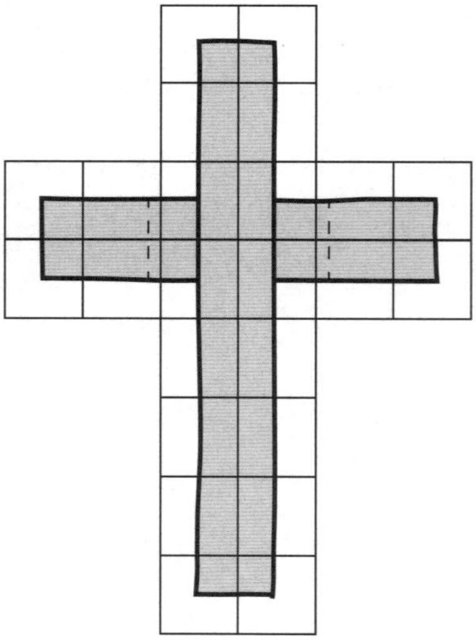

Anwendungsbeispiel
Das gemeinsame Basteln bietet den Jugendlichen eine kreative Ausdrucksmöglichkeit ihrer Gedanken. Mögliche Themen für das Kreuz: Psalmen, Schöpfung.

Kreuzsegen

Die Gruppe stellt sich in Kreuzform auf und bekommt einen Segen zugesprochen.

Kategorie: Abschluss, Spiritualität
Thema: Rituale, Segen
Zeitaufwand: 5 Minuten | **Gruppengröße:** 20+ | **Alter:** ab 12
Anspruch für die Leitung: 2 | **Anspruch für die Gruppe:** 1 | **Aufwand:** 1
Sozialform: Plenum

Material: keines

Beschreibung
Das Wort „segnen“ kommt von lateinisch „signare“ und meint ursprünglich das „Bezeichnen mit einem Kreuz“.
Diese Form des Segens eignet sich besonders im Freien oder in einer Kirche, in der zwischen den Bänken eine Kreuzform möglich ist.
Die Gruppe fasst sich in einem großen Kreis an den Händen und bildet dann die Form eines Kreuzes. Anschließend spricht einer/eine der Gruppe einen Segen zu:
„Geht im Frieden, weil Jesus euer Friede ist. Geht als erlöste Menschen, weil Jesus euch am Kreuz von aller Schuld befreit hat. Geht unter dem Zeichen des Kreuzes. Jesus ist immer bei euch. So segne und begleite euch der dreieinige Gott, der Vater, der Sohn und der Heilige Geist. Amen.“
Anschließend macht jeder/jede der/die will für sich persönlich das Kreuzzeichen, um diesen Segen symbolisch mit sich zu nehmen.

Variante
Bei großen Gruppen kann man zunächst zwei ineinander liegende Kreise bilden, der innere Kreis schaut dabei nach außen.

Anwendungsbeispiel
Für jede Gelegenheit anwendbar.

Labyrinth

Ein Labyrinth bauen und meditativ begehen.

Kategorie: Outdoor/Unterwegs, Spiritualität
Thema: Gott, Identität, Segen
Zeitaufwand: 45 Minuten | **Gruppengröße:** 10–20, 20+ | **Alter:** ab 12
Anspruch für die Leitung: 2 | **Anspruch für die Gruppe:** 1 | **Aufwand:** 3
Sozialform: Plenum

Material: Material für die Markierungen (Steine, Äste, Sand, Sägemehl), meditative Musik, Abspielgerät, Fragekarten und Segen (siehe Downloads zum Buch)

Beschreibung
Das Labyrinth ist ein uraltes Symbol für den Lebensweg. Anders als beim Irrgarten gibt es nur einen Weg – der steht für die Führung durch Gott. Das Zentrum ist ein besonderer Ort, der für Gott und das Finden der eigenen Mitte steht.
Dann gibt es Wendungen und Wege, die überraschenderweise wieder wegführen von der Mitte, Zeiten des Zweifels und der Gottesferne, in denen man Ermutigung braucht. Manchmal gibt es in der Umgebung schon ein begehbares Labyrinth, es ist aber auch leicht, ein eigenes zu erstellen, in einem großen Raum oder draußen. Als Markierung eignen sich Sägemehl, Sand, Äste oder Steine. Der Weg sollte so breit sein, dass man auf dem Rückweg gut an den anderen vorbeikommt.
Das Labyrinth wird einzeln mit einem Abstand von etwa 20 Sekunden durchlaufen ohne die anderen zu überholen. Am Anfang, auf dem Weg und am Ziel gibt es Impulse zur Meditation.

Anwendungsbeispiel
Nach einem ersten Probedurchgang werden die Fragekarten und der Segen an passender Stelle im Labyrinth ausgelegt. In der Mitte wartet ein Segensspruch, den sich jeder/jede mitnehmen darf.

Mission possible

Die Jugendlichen sollen einen Gegenstand finden,
der ihrem Verständnis eines spezifischen Themas entspricht.

Kategorie: Kreativ, Spiritualität
Thema: Alle Themen
Zeitaufwand: 40 Minuten | **Gruppengröße:** bis 10, 10–20, 20+ | **Alter:** ab 12
Anspruch für die Leitung: 2 | **Anspruch für die Gruppe:** 3 | **Aufwand:** 1
Sozialform: Einzelarbeit, Plenum

Material: Liederbücher, Zettel, Stifte, Musik, Abspielgerät, akustisches Signal, Gegenstände

Beschreibung

Bei dieser Andachtsmethode wird die „Predigt" von der Gruppe übernommen. Die Jugendlichen erhalten die „Mission", sich allein auf den Weg zu machen, um einen Gegenstand zu suchen, der für sie zum vorher angegebenen Thema passt. Jeder Gegenstand, der sich bewegen lässt, ist geeignet. Ist der Gegenstand gefunden, kann er in die Mitte des Andachtsraumes gestellt werden. Während bei der Gegenstandssuche gesprochen werden darf, ist es im Andachtsraum still (leise Hintergrundmusik empfiehlt sich). Die Suchphase wird mit einem akustischen Signal beendet. Danach nehmen die Jugendlichen im Andachtsraum Platz und beschreiben auf einem Zettel kurz, was ihren Gegenstand mit dem Thema verbindet. Nach einem kurzen Betrachten der Gegenstände werden diese der Gruppe vorgestellt. Stillere Jugendliche können ihren Zettel auch einfach „nur" neben den Gegenstand legen. Die „Ergebnisse" können in einem Gebet aufgenommen werden.

Anwendungsbeispiel

Ablauf zum Thema „Heiliger Geist": Votum, Lied, Psalm 139,5, Hinführung (biblisch / persönlich / liturgisch), Predigt (Gegenstandssuche und Vorstellung), Gebet, Lied, Segen

Perlenband für das Gebet

Mithilfe eines Perlenbandes kann die Bedeutung des Glaubens erschlossen/meditiert werden.

Kategorie: Spiritualität
Thema: Glaubensbekenntnis, Gott, Rituale
Zeitaufwand: 60 Minuten | **Gruppengröße:** bis 10, 10–20 | **Alter:** ab 12
Anspruch für die Leitung: 2 | **Anspruch für die Gruppe:** 2 | **Aufwand:** 2
Sozialform: Plenum

Material: Perlenband, eventuell Perlentagebuch

Beschreibung
In vielen religiösen Traditionen gibt es Gebets- oder Meditationsketten, die durch die Hand gleiten und dabei helfen, dem Gebet eine Struktur zu geben. Ein Perlenband kann man leicht selbst basteln. Jeder Perle wird ein Satz eines Gebetes oder eine bestimmte Bedeutung zugeordnet. Die Perlen sollten unterschiedliche Größen und Farben haben, sodass eine Zuordnung erleichtert wird. So bekommen gerade bestimmte Sätze eines Gebetes mithilfe der Perlen, die sich im Verlauf des Betens immer wieder wiederholen, eine ganz neue Bedeutung und Tiefe.

Anwendungsbeispiel
Jeder/jede hat ein Perlenband in der Hand. Eine biblische Geschichte wird vorgelesen. Dann wird gemeinsam überlegt, welche Bedeutung man den Perlen passend zum Text zuschreiben könnte und warum. Diese Perlenbänder sollten immer wieder vorkommen, z. B. im Rahmen von Andachten. (Beispiel: Feine, Gerlinde: Ein Katechismus für die Hand – Mit den Perlen des Glaubens durch das Konfi-Jahr. In: anKnüpfen update 7, 2012, S. 74–83)
Ein Perlentagebuch mit erklärenden Mediationstexten gibt es zum Beispiel unter www.anknuepfen.de/materialien/themen/bookletsearch/Booklet/articleDetail/21.html, letzter Zugriff am 28.11.2017.
Ideen für den Einsatz der Perlenmethode in der Jugendarbeit findet man in Kargl, Marco: Heartbeads. Die Perlenmethode für Schule und Jugendarbeit, Don Bosco, München, und buch+musik, Stuttgart 2017.

Pilgerschritt

Meditativ durch die Kirche ziehen.

Kategorie: Musik, Spiritualität
Thema: Kirche, Sterben und Tod
Zeitaufwand: 10 Minuten | **Gruppengröße:** 10–20, 20+ | **Alter:** ab 6
Anspruch für die Leitung: 2 | **Anspruch für die Gruppe:** 2 | **Aufwand:** 1
Sozialform: Plenum

Material: Musik, Abspielgerät

Beschreibung
Jeder/jede legt die rechte Hand auf die linke Schulter der Person vor ihm/ihr. Im gemeinsamen Rhythmus zu ruhiger Musik im Viervierteltakt (z. B. zu dem Kanon von Pachelbel) zieht man in die Kirche ein und bewegt sich dort durch den Raum. Dabei geht man mit rechts beginnend drei Schritte nach vorne und dann wiegend einen Schritt zurück. Dieser Schritt symbolisiert das meditative Innehalten und dass man sich bewusst Zeit nimmt und ohne Hektik unterwegs ist. Um in eine meditative Stimmung zu kommen, kann es hilfreich sein, wenn alle bis auf die erste Person die Augen schließen.

Spirale

Anwendungsbeispiel
Für einen „Auferstehungstanz" bildet man einen nach außen gewendeten Kreis und fasst sich an den Händen. Im Pilgerschritt geht es voran. In einer langen Spirale geht es nach innen, durch die Wende im Mittelpunkt führt der Weg so wieder nach außen, dass alle am Ende sich sehen und wahrnehmen können.

Satzanfänge vollenden

siehe Kategorie Einstieg, S. 37

Solo

siehe Kategorie Erlebnispädagogik, S. 162

Stationengottesdienst

Eine Gottesdienstform mit einzelnen Stationen.

Kategorie: Kreativ, Spiritualität
Thema: Abendmahl, Gottesdienst
Zeitaufwand: 60 Minuten | **Gruppengröße:** 10–20, 20+ | **Alter:** ab 12
Anspruch für die Leitung: 2 | **Anspruch für die Gruppe:** 1 | **Aufwand:** 2
Sozialform: Einzelarbeit, Plenum

Material: je nach Station z. B. Papier, Ölkreiden, Digitalkamera

Beschreibung

Bei einem Stationengottesdienst findet der Teil der Verkündigung an verschiedenen Stationen statt. Es gibt einen liturgischen Beginn und ein gemeinsames Ende. Beispiele:
Meditation: In ruhiger Atmosphäre wird der Bibeltext vorgelesen.
Gestalten: Ein gemeinsames Bild wird mit Ölkreiden gestaltet.
Standbilder: Das Thema wird als Standbild umgesetzt und fotografisch festgehalten.

Anwendungsbeispiel

Schriftlesung: 1. Korinther 12,12 ff.
Einstieg ins Thema „Kirche und ich?“: Kirche heute ist alt und verstaubt. Oder: Kirche lebt heute noch, ist aktiv.
Stationen z. B.:

- Diskussionswand: Hinter was stehe ich? – Ich glaube ... Ich glaube nicht ...
- Meine Kirche – Fürbitten für meine Kirche formulieren

Stille
siehe Kategorie Inklusiv/Basal, S. 174

Textschlange
siehe Kategorie Text, S. 145

Umriss

Was macht einen Christen / eine Christin aus? Diskussion um Ideal und Realität.

Kategorie: Gespräch, Spiritualität
Thema: Identität, Konfirmation
Zeitaufwand: 60 Minuten | **Gruppengröße:** bis 10, 10–20 | **Alter:** ab 12
Anspruch für die Leitung: 2 | **Anspruch für die Gruppe:** 2 | **Aufwand:** 2
Sozialform: Gruppenarbeit, Plenum

Material: Packpapierrolle, Stifte

Beschreibung
Die Übung verläuft in drei Phasen. In der ersten Phase wird der Umriss eines Menschen gezeichnet und „angezogen".
In der zweiten Phase wird der Umriss mit Eigenschaften und Begriffen gefüllt, die die Gruppe einem idealen Christen / einer idealen Christin zuschreibt. Was macht diesen/ diese aus? Was muss er/sie haben? Was muss er/sie glauben und wissen?
In der dritten Phase geht es um die Auseinandersetzung mit diesem idealisierten christlichen Zerrbild. Wie geht es der Gruppe mit diesem Bild? Finden wir uns darin wieder? Sind wir das? Für die Weiterarbeit mit diesem Umriss ist es oft hilfreich, eine Priorisierung der Eigenschaften vorzunehmen. Was ist für uns Christen das Wichtigste? Was macht meinen Glauben aus?

Variante
Um die Anforderungen, die von außen an Christen herangetragen werden, sichtbar zu machen, können diese auch außerhalb des Umrisses notiert werden.

Anwendungsbeispiel
Der/die ideale Mitarbeitende: Diese Methode eignet sich auch gut für andere Themen, z. B. im Rahmen der Mitarbeiterschulung.

Werkstattgottesdienst

In verschiedenen Gruppen wird ein ganzer Gottesdienst vorbereitet und anschließend gemeinsam gefeiert.

Kategorie: Spiritualität
Thema: Gebet, Gottesdienst

Zeitaufwand: 180 Minuten	**Gruppengröße:** 10–20, 20+	**Alter:** ab 12
Anspruch für die Leitung: 2	**Anspruch für die Gruppe:** 2	**Aufwand:** 1

Sozialform: Gruppenarbeit, Plenum

Material: Aufgabenblätter (siehe Downloads zum Buch), Bibeln (verschiedene Übersetzungen), Konkordanz, Andachts- und Gebetsbücher, Segensworte, verschiedene Liederbücher, Musikinstrumente, passende Musik-CD, Abspielgerät, Teelichter/Kerzen, Dekomaterial

Beschreibung
Die Gruppenleitung sollte schon im Vorfeld ein Thema festlegen und sich über geeignete Predigttexte Gedanken machen. Alles andere wird mithilfe der Aufgabenblätter an die Gruppen delegiert. Die Einteilung der Gruppen erfolgt nach Neigung, es sollten nur möglichst alle Gruppen zustande kommen oder geklärt werden, wer die entsprechenden Aufgaben übernehmen kann.
Diese Gruppen bieten sich an:

- Musikgruppe: sucht passende Lieder zum Thema aus
- Theatergruppe: entwickelt ein Theaterstück zum Thema
- Textgruppe: wählt den Predigttext, Gebete und Segen passend zum Thema aus
- Predigtgruppe: erarbeitet die Predigt
- Raumgestaltungsgruppe: gestaltet den Raum

Anwendungsbeispiel
Für jede Gelegenheit anwendbar.

Wertepyramide

siehe Kategorie Einstieg, S. 40

Zeuge, Zweifler und ich?

Rollendiskussion und eigenen Standpunkt finden.

Kategorie: Gespräch, Spiritualität
Thema: Bibel, Jesus Christus
Zeitaufwand: 90 Minuten | **Gruppengröße:** bis 10 | **Alter:** ab 12
Anspruch für die Leitung: 3 | **Anspruch für die Gruppe:** 2 | **Aufwand:** 1
Sozialform: Einzelarbeit, Gruppenarbeit, Plenum

Material: Bibeltext, Rollenbeschreibungen

Beschreibung
Sechs Personen, welche auf verschiedene Art und Weise die Geschichte mitbekommen haben, unterhalten sich über ihre Wahrnehmung und ihre Deutung. Die verschiedenen Rollen werden kurz vorgestellt: der naturwissenschaftliche Skeptiker, der Enthusiastische, der Zweifler (nicht anwesend), der beteiligte Zuschauer, der Pharisäer, der Suchende. Jeder/jede zieht eine Rolle und bekommt die entsprechende Rollenbeschreibung. Je nach Gruppengröße kann es auch sinnvoll sein, Rollen doppelt zu vergeben. Es folgt eine kurze Vorbereitungszeit, danach stellen sich alle in ihrer Rolle und Sichtweise vor. Nun kommen die Jugendlichen in ihren Rollen über die Geschichte miteinander ins Gespräch. Die Leitung unterbricht dieses Gespräch nach Bedarf, um sie z. B. in ihre Rolle zurückzuführen oder sie nach ihrer Gefühlslage zu fragen.
Alle treten wieder aus ihrer Rolle heraus. Im Anschluss findet ein Auswertungsgespräch statt: Was hat mir gefallen? Mit welcher Äußerung konnte ich überhaupt nichts anfangen? Hat sich meine Sichtweise verändert?

Anwendungsbeispiel
Für diese Methoden bieten sich konfliktträchtige Geschichten an (z. B. Ährenraufen am Sabbat, Heilung des Gelähmten, Sturmstillung).

KATEGORIE:
SPIEL

Ausbruchversuch
siehe Kategorie Warm-up, S. 42

Bibelfußball
siehe Kategorie Quiz, S. 202

Blind sein
siehe Kategorie Inklusiv/Basal, S. 166

Die Jagd auf den Unbekannten
siehe Kategorie Outdoor/Unterwegs, S. 126

Die Werwölfe von Düsterwald®
siehe Kategorie Gruppendynamik, S. 148

Einfühlungsspiel
siehe Kategorie Kennenlernen, S. 23

Elektrischer Draht
siehe Kategorie Inklusiv/Basal, S. 167

Escape Game
siehe Kategorie Gruppendynamik, S. 149

Extrem-Erklären

Gruppenspiel mit viel Erklären, Zeichnen, Pantomime.

Kategorie: Spiel
Thema: Gruppe, Kirche
Zeitaufwand: 120 Minuten | **Gruppengröße:** 10–20, 20+ | **Alter:** ab 12
Anspruch für die Leitung: 3 | **Anspruch für die Gruppe:** 1 | **Aufwand:** 2
Sozialform: Gruppenarbeit, Plenum

Material: Spielplan (Felder in drei Farben), Würfel, Spielfiguren, Liste mit Begriffen zum Thema, Stifte, Papier, Marshmallows, Wasserspritze, Augenbinden

Beschreibung
Grundlage und Prinzip dieses Gruppenspiels ist das Spiel „Activity®". Es müssen Begriffe erraten, gespielt, erklärt und gemalt werden. Hinzu kommen Felder (Extrem), die die Aufgaben erschweren. Gespielt wird in mehreren Mannschaften, abhängig von der Gruppengröße (ca. sechs bis acht Personen pro Team).
Jede Mannschaft hat eine Spielfigur und bewegt sich durch Würfeln auf dem Spielplan. Nach der Reihe kommen alle Mannschaften zum Zug. Das erwürfelte Feld bestimmt die Kategorie, in der gespielt wird. Wird der Begriff gefunden, darf die Spielfigur auf das Feld ziehen, und die nächste Mannschaft ist an der Reihe. Die Mannschaft, die als erstes das Ziel erreicht, gewinnt. Kategorien:

- Erklären: Ein Begriff muss der eigenen Mannschaft erklärt werden, ohne den Begriff oder Teile daraus zu verwenden.
  Extrem: mit drei Marshmallows im Mund
- Pantomime: Der Begriff muss ohne zu sprechen vorgespielt werden.
  Extrem: unter Wasserspritzeinsatz durch die Spielleitung
- Zeichnen: Der Begriff wird gezeichnet, ohne Schrift zu verwenden.
  Extrem: mit verbundenen Augen

Variante
Der Spielplan wird durch Leitern, Abkürzungen usw. abwechslungsreicher.

Anwendungsbeispiel
Thematisch orientierte Begriffe zum Thema Kirchenraum, Abendmahl, Bibel, biblische Geschichten bieten sich an.

Flussüberquerung

siehe Kategorie Erlebnispädagogik, S. 158

Gruppenjonglage

siehe Kategorie Warm-up, S. 45

Händisch auswendig lernen

siehe Kategorie Auswendiglernen, S. 211

Ideenwettbewerb

In einem turnierartigen Wettbewerb gewinnt die beste Idee.

Kategorie: Spiel
Thema: Gottesdienst, Konfirmation
Zeitaufwand: 20 Minuten | **Gruppengröße:** 10–20, 20+ | **Alter:** ab 12
Anspruch für die Leitung: 2 | **Anspruch für die Gruppe:** 1 | **Aufwand:** 1
Sozialform: Gruppenarbeit, Plenum

Material: Moderationskarten, Stifte

Beschreibung
Jeder/jede schreibt bis zu drei Ideen auf eine Moderationskarte. Dann werden je nach Gruppengröße Zweier-, Dreier- oder Vierergruppen gebildet. Diese diskutieren, welche Idee die beste ist und legen sich am Schluss auf eine fest. Dann sucht sich die Gruppe eine Partnergruppe, mit der wieder diskutiert wird. Wortführer ist der Erfinder / die Erfinderin der Idee, die anderen in seiner/ihrer Gruppe unterstützen ihn/sie. Dies geht so lange, bis nur noch zwei oder drei Ideen übrig sind. Diese werden dann ausführlich im Plenum vorgestellt. Per Abstimmung ermittelt man, welche Idee insgesamt die beste ist. Oft passen verschiedene Ideen zueinander, dann kann man im Verlauf der Diskussionen oder auch am Schluss die Ursprungsidee erweitern oder konkretisieren.
Die Leitung muss gut darauf achten, dass es beim Diskutieren fair zugeht und die Ideen, die sich nicht durchsetzen konnten, trotzdem gewürdigt werden.

Variante
Das Verfahren funktioniert auch mit längeren Texten, von denen nur einer oder wenige vorgetragen werden sollen.

Anwendungsbeispiel
Die Methode ist gut geeignet, um ein Thema für den Konfigottesdienst, einen Jugendgottesdienst oder eine Freizeit zu finden. Es hilft, wenn man am Anfang Beispiele gibt, welche Ideen und Themen schon einmal gut ankamen.

Ja-Nein-Stuhl
siehe Kategorie Quiz, S. 205

Karaoke
siehe Kategorie Musik, S. 178

Minecraft/Minetest
siehe Kategorie Computer, S. 189

People Bingo
siehe Kategorie Kennenlernen, S. 28

Planspiel

Ein Planspiel simuliert das echte Leben.

Kategorie: Spiel
Thema: Gebote, Gemeinde, Gerechtigkeit
Zeitaufwand: 120 Minuten | **Gruppengröße:** 10–20, 20+ | **Alter:** ab 12
Anspruch für die Leitung: 3 | **Anspruch für die Gruppe:** 3 | **Aufwand:** 2
Sozialform: Einzelarbeit, Gruppenarbeit

Material: Rollenkarten, Briefpapier, Stifte

Beschreibung
Planspiele sind eine besondere Form des Rollenspiels. Komplexe reale Systeme werden hierbei simuliert. Es geht weniger um den Charakter der Personen als um deren Funktion.
Ablauf:
1. Einführung ins Thema.
2. Vorstellung der Rollen und Gruppeneinteilung. Rollen können von Einzelpersonen oder Gruppen übernommen werden.
3. Spielphase mit fest definierten Möglichkeiten der Kommunikation (Briefe, Telefonate).
4. Plenum, z. B. in Form einer Bürgerversammlung.
5. Schlussreflexion: Was war realistisch?

Jede Gruppe braucht einen eigenen Raum.

Anwendungsbeispiel
Der Kirchengemeinderat und seine Verantwortung für die Jugendarbeit, Gerd Schlotterbek: www.ejwue.de/fileadmin/proteens/konfis/upload/planspielfuerkonfisamstag1.pdf, letzter Zugriff am 28.11.2017.

Postkarten-Puzzle
siehe Kategorie Gruppeneinteilung, S. 50

Regel-Spiel
siehe Kategorie Einstieg, S. 36

Roboterspiel

Roboter marschieren wild durch den Raum, gesteuert von Technikern.

Kategorie: Spiel
Thema: Gott, Theodizee
Zeitaufwand: 20 Minuten | **Gruppengröße:** 10–20, 20+ | **Alter:** ab 6
Anspruch für die Leitung: 1 | **Anspruch für die Gruppe:** 1 | **Aufwand:** 1
Sozialform: Plenum

Material: eventuell Musik, Abspielgerät

Beschreibung
Die Gruppe teilt sich paarweise auf. Einer/eine ist Roboter, die andere Person Techniker/Technikerin. Die Roboter laufen geradeaus und bewegen die Beine auf der Stelle, wenn sie auf ein Hindernis stoßen. Die Techniker können sie umprogrammieren. Eine Berührung an der rechten Schulter bedeutet, 90° nach rechts abbiegen, an der linken Schulter nach links.

Variante
Für weitere Runden, bei denen die Rollen wechseln, können weitere Programmierbefehle vereinbart werden: ein Schnellgang, ein Rückwärtsgang.

Anwendungsbeispiel
Das Spiel lässt sich leicht auf das Verhältnis von Gott und Mensch übertragen: Wie steuert und führt Gott uns Menschen? Sind wir wie Roboter? (nach: Baer, Ulrich: 666 Spiele für jede Gruppe, für alle Situationen, Kallmeyer, Seelze-Velber [25]2009)

Sängerwettstreit
siehe Kategorie Musik, S. 181

Schlimmer geht es immer noch …
siehe Kategorie Gespräch, S. 67

Strippen ziehen

Ein Stift wird von vielen Schnüren geführt.

Kategorie: Gruppendynamik, Spiel
Thema: Gemeinde
Zeitaufwand: 20 Minuten | **Gruppengröße:** bis 10 | **Alter:** ab 6
Anspruch für die Leitung: 2 | **Anspruch für die Gruppe:** 2 | **Aufwand:** 2
Sozialform: Gruppenarbeit, Plenum

Material: Strippenzieher-Stifthalterung, Stifte (z. B. Wachsmalkreiden), Papier

Beschreibung

Bis zu zehn Personen können gleichzeitig am Strippenzieher ziehen und damit einen Stift bewegen und mit ihm etwas malen oder schreiben. Den Strippenzieher kann man fix und fertig z. B. bei der Karl-Schubert-Gemeinschaft e. V. bestellen oder selbst in unterschiedlichen Größen bauen.

Festes Papier wird mit Klebeband auf einem Tisch befestigt. Als Malstift eignen sich wasserlösliche Filzmaler oder Wachsmalkreiden.

Möglich sind ganz verschiedene Aufgaben:

- Ein Ausmalbild wird mit verschiedenen Farben ausgemalt.
- Man zeichnet einen Parcours vor, der möglichst schnell durchlaufen werden muss. Wie schnell schafft es welche Gruppe?
- Die ganze Gruppe oder ein Teil der Gruppe bekommt den Auftrag, ein bestimmtes Motiv zu zeichnen, z. B. ein Haus oder einen Baum. Wie gelingt es, das ohne zu reden umzusetzen? Was ändert sich, wenn man reden darf?

Variante

Die Aufgabe soll ganz oder teilweise mit geschlossenen Augen durchgeführt werden.

Anwendungsbeispiel

Zum Thema Gemeinschaft soll die Gruppe ein Symbolbild malen, ohne zu sprechen.

Stühle balancieren
siehe Kategorie Gruppendynamik, S. 152

Tauschspiel
siehe Kategorie Outdoor/Unterwegs, S. 133

Texte um die Wette lesen
siehe Kategorie Text, S. 144

Ultimatumspiel

Ein Spiel, das die Bereitschaft zum Teilen von Geld untersucht.

Kategorie: Spiel
Thema: Diakonie, Gerechtigkeit, Konfirmation
Zeitaufwand: 30 Minuten | **Gruppengröße:** bis 10, 10–20 | **Alter:** ab 12
Anspruch für die Leitung: 2 | **Anspruch für die Gruppe:** 1 | **Aufwand:** 1
Sozialform: Plenum

Material: mehrere 10-Euro-Scheine, Wechselgeld

Beschreibung
Diese Methode wurde von Werner Güth entwickelt und in einem Experiment umgesetzt. Von der Spielleitung werden zwei Freiwillige ausgewählt und nach vorn gebeten. Zuerst werden die Regeln erklärt: „Einer/eine von euch (Besitzer) bekommt von mir zehn Euro. Die muss er/sie mit dem/der anderen (Empfänger) teilen. Der Besitzer darf selbst entscheiden, wie viel er von seinem neuen Besitz abgeben will. Allerdings hat der Empfänger die Möglichkeit, den Deal komplett abzulehnen. Dann bekommt keiner von euch beiden Geld. Das Geld dürft ihr übrigens wirklich behalten. Was ihr anschließend damit macht, ist mir egal. Wenn es euch nicht wohl ist dabei, könnt ihr es ja spenden."
Es können nun mehrere Runden gespielt werden. Dabei kann man Besitzer und Empfänger tauschen oder neue Freiwillige auswählen. Wichtig ist, dass echtes Geld eingesetzt wird. (nach: Springer Gabler Verlag (Hrsg.), Gabler Wirtschaftslexikon, Stichwort: Ultimatumspiel, Springer Gabler Verlag, Heidelberg [18]2013)

➡

Variante
Das Spiel lässt sich auch mit attraktiven Süßigkeiten spielen.

Anwendungsbeispiel
Auch bei der Konfirmation bekommt man viel Geld geschenkt. Wer ist wohl bereit, davon etwas zu schenken? Wie wäre es, wenn ein Vierzehnjähriger aus einem Entwicklungsland ein Veto zu allen Geschenken einlegen könnte, wenn er nicht ausreichend mit Spenden bedacht wird?

Unterschriftensammlung

siehe Kategorie Warm-up, S. 46

Wäscheklammer-Spiel

siehe Kategorie Warm-up, S. 47

Wasserbombenvolleyball

Turniertaugliches Spiel für die warme Jahreszeit.

Kategorie: Outdoor/Unterwegs, Spiel
Thema: Gruppe
Zeitaufwand: 120 Minuten | **Gruppengröße:** 10–20, 20+ | **Alter:** ab 6
Anspruch für die Leitung: 2 | **Anspruch für die Gruppe:** 1 | **Aufwand:** 2
Sozialform: Plenum

Material: Volleyballnetz, Luftballons, 6 Handtücher

Beschreibung
Jedes Team besteht aus sechs Personen. Jeweils zwei halten zwischen sich ein Handtuch gespannt, mit dessen Hilfe der wassergefüllte Luftballon über das Netz geworfen wird. 1 Punkt wird erzielt, wenn er im gegnerischen Feld zerplatzt. Außerhalb des Feldes bekommen die Gegner den Punkt.
Ballons, die nicht zerplatzen, geben keine Punkte. Innerhalb des Teams darf der Ballon bis zu dreimal gespielt werden. Gewonnen hat, wer zuerst 5 Punkte erreicht.

Anwendungsbeispiel
Für jede Gelegenheit anwendbar.

Was singst du?

siehe Kategorie Quiz, S. 206

Wege auf dem A zurücklegen

siehe Kategorie Erlebnispädagogik, S. 165

Wörter raten mit Hindernissen

siehe Kategorie Quiz, S. 208

KATEGORIE: OUTDOOR/UNTERWEGS

Actionbound

siehe Kategorie Computer, S. 184

Die Jagd auf den Unbekannten

Stadtspiel mit öffentlichen Verkehrsmitteln.

Kategorie: Gruppendynamik, Outdoor/Unterwegs, Spiel
Thema: Gruppe
Zeitaufwand: 120 Minuten | **Gruppengröße:** 10–20, 20+ | **Alter:** ab 12
Anspruch für die Leitung: 1 | **Anspruch für die Gruppe:** 2 | **Aufwand:** 1
Sozialform: Gruppenarbeit

Material: Tageskarten für öffentliche Verkehrsmittel, Handy, Netzfahrplan pro Gruppe

Beschreibung
Das Spielprinzip basiert auf „Scotland Yard – Die Jagd auf Mister X®". Der Unbekannte (U) wird von Agententeams verfolgt und muss gefangen werden.
Alle bekommen eine Tageskarte, das Spielfeld muss festgelegt werden. U startet mit einem Zeitvorsprung, die Teams an verschiedenen Orten in der Stadt. Alle 20 Minuten teilt U seinen Standort der Zentrale per Handy mit. Die Teams können diesen erfragen, ihren eigenen Ort mitteilen und sich austauschen.

- Nur öffentliche Verkehrsmittel sind zulässig, Strecken dürfen nicht zu Fuß zurückgelegt werden, außer in den nächsten 15 Minuten fährt kein Verkehrsmittel ab.
- U darf nicht an einem zentralen Ort aufgelauert werden, alle Teams müssen in Bewegung bleiben.
- U muss erkennbar sein und zum Fangen abgeschlagen werden.
- U darf mit einem Verkehrsmittel immer nur max. vier Stationen fahren.

(nach: www.praxis-jugendarbeit.de, letzter Zugriff am 28.11.2017)

Anwendungsbeispiel
Für jede Gelegenheit anwendbar.

Exkursion

Ein lehrreicher Ausflug zu einem interessanten Ziel.

Kategorie: Outdoor/Unterwegs
Thema: Diakonie, Religionen
Zeitaufwand: 120 Minuten | **Gruppengröße:** bis 10, 10–20, 20+ | **Alter:** ab 12
Anspruch für die Leitung: 1 | **Anspruch für die Gruppe:** 1 | **Aufwand:** 2
Sozialform: Plenum

Material: Digitalkamera zur Dokumentation, Papier, Stifte

Beschreibung
Eine Exkursion verspricht Abwechslung, schafft Zeit für lockere Gespräche bei der Hin- und Rückfahrt. Wenn das Ziel attraktiv ist, kommen alle gern mit.
Eine Exkursion sollte vor- und nachbereitet werden. Als Vorbereitung kann man sich Fragen überlegen, ein Geschenk basteln, ein Lied einüben.
Anschließend kann man Berichte schreiben für die Homepage oder den Gemeindebrief oder in einer Feedbackrunde abfragen, was beim Besuch am eindrücklichsten war.

Variante
Besonders spannend sind Exkursionen, bei denen es nicht nur eine Führung gibt, sondern eine Begegnung mit Menschen möglich ist.

Anwendungsbeispiel
Sinnvolle Exkursionsziele: diakonische Einrichtungen (Beispiel: Krause, Cornelia / Fassel, Ute: Diakonie vor Ort. In: Anknüpfen – Praxisideen, 2013, S. 49–55), Gefängnis, Friedhof, Bibelmuseum, Moschee oder Synagoge (Beispiel: Ebinger, Thomas: Andere glauben anders – (k)ein Grund, sich zu streiten? In: Anknüpfen – Praxisideen, 2013, S. 136–141), Umweltprojekte, geschichtlich interessante Orte (jüdische Friedhöfe, KZ-Gedenkstätten).

Fotosafari

Mithilfe eines Fotos draußen bestimmte Motive entdecken.

Kategorie: Outdoor/Unterwegs
Thema: Gemeinde, Schöpfung, Sterben und Tod
Zeitaufwand: 90 Minuten | **Gruppengröße:** 10–20, 20+ | **Alter:** ab 12
Anspruch für die Leitung: 1 | **Anspruch für die Gruppe:** 2 | **Aufwand:** 2
Sozialform: Gruppenarbeit, Plenum

Material: Handys, Digitalkameras

Beschreibung
Die Jugendlichen werden in kleineren Gruppen in die Natur oder in die Stadt geschickt mit dem Auftrag, bestimmte Motive zu finden und zu fotografieren. Die Fundstücke werden der ganzen Gruppe gezeigt. Anschließend bereitet man diese mit Kommentaren zu einer Multimedia-Präsentation auf.

Anwendungsbeispiel
Alle bekommen den Auftrag, Kreuze zu finden, egal ob diese etwas mit dem christlichen Glauben zu tun haben oder nicht. Es ist erstaunlich, wie viele Kreuzmotive sich finden lassen, wenn man nur genau genug hinschaut (nach: Ebinger, Thomas: Lebendige Steine. Entwurf zur Vorbereitung und Gestaltung eines Vorstellungsgottesdienstes für Konfirmandinnen und Konfirmanden. In: anKnüpfen update 4, 2009, S. 87–89).
Die Hälfte der Gruppen bekommt den Auftrag, Motive zu finden, die etwas mit Sterben und Tod zu tun haben, die andere Hälfte sucht Motive zum Thema Leben.
Weitere Themen: die Wunder der Schöpfung, hell und dunkel, Konsum und seine Schattenseiten, Werbung und was sie mit uns macht

Gemeindepraktikum

Andere Gruppen und Arbeitsfelder der Kirchengemeinde kennenlernen.

Kategorie: Outdoor/Unterwegs
Thema: Diakonie, Gemeinde, Kirche
Zeitaufwand: 480 Minuten | **Gruppengröße:** 10–20, 20+ | **Alter:** ab 12
Anspruch für die Leitung: 2 | **Anspruch für die Gruppe:** 2 | **Aufwand:** 3
Sozialform: Partnerarbeit, Gruppenarbeit

Material: Papier, Stifte, Präsentationsmittel

Beschreibung
Entscheidungsphase: Das Leitungsteam überlegt sich ein Konzept und eine sinnvolle Terminplanung.
Vorbereitungsphase: Verschiedene Gruppen oder Personen werden angefragt, ob sie bereit sind, mitzumachen und welche Termine möglich sind.
Erarbeitungsphase: Bei einem Gruppentreffen wird ein Überblick über das Thema gegeben. Dann werden die verschiedenen Praktikumsstationen vorgestellt und verteilt. Niemand sollte allein sein Praktikum machen.
In der Praktikumsphase machen die Jugendlichen nun Erfahrungen in den verschiedenen Bereichen, führen Interviews und bringen sich möglichst aktiv ein.
Auswertungsphase: Die Jugendlichen stellen ihr gesammeltes Material in der Gruppe vor. Anschließend wird gemeinsam überlegt, wie dieses am besten einer breiteren Öffentlichkeit präsentiert werden kann.

Anwendungsbeispiel
Die Jugendlichen schnuppern in die Gruppen einer Gemeinde hinein, in denen sie später mitmachen oder sogar Verantwortung übernehmen möchten.

Geocaching

siehe Kategorie Erlebnispädagogik, S. 159

Interviews führen

Mit Interviews herausbekommen, was Leute zu einer bestimmten Frage denken.

Kategorie: Gespräch, Outdoor/Unterwegs
Thema: Alle Themen
Zeitaufwand: 90 Minuten | **Gruppengröße:** bis 10, 10–20, 20+ | **Alter:** ab 12
Anspruch für die Leitung: 2 | **Anspruch für die Gruppe:** 2 | **Aufwand:** 1
Sozialform: Partnerarbeit, Gruppenarbeit

Material: Aufnahmegerät, Papier, Stifte

Beschreibung
Es gibt zwei Arten von Interviews: quantitative und qualitative. Bei qualitativen Interviews kann man freie Antworten geben. Bei quantitativen Umfragen werden die Fragen so vorstrukturiert, dass es mehrere fest definierte Antwortmöglichkeiten gibt oder man auf einer Skala eine Einschätzung geben kann.
Ein Interview hat drei Phasen: 1. Erarbeitung des Konzeptes und Formulierung der Fragen, 2. Auswertung (bringt oft überraschende Ergebnisse zutage), 3. Präsentation (hilfreich ist eine grafische Veranschaulichung).

Anwendungsbeispiel
Die Jugendlichen gehen mit einer Umfrage zum Thema Glaubensbekenntnis in die Fußgängerzone. Die Ergebnisse werden im Rahmen eines (Jugend-)Gottesdienstes präsentiert.

Kreuzweg gestalten
siehe Kategorie Kreativ, S. 85

Labyrinth
siehe Kategorie Spiritualität, S. 108

Landart

Kreatives Gestalten in der Natur und mit der Natur.

Kategorie: Abschluss, Erlebnispädagogik, Inklusiv/Basal, Kreativ, Outdoor/Unterwegs
Thema: Gott, Identität, Schöpfung, Sterben und Tod, Taufe
Zeitaufwand: 45 Minuten | **Gruppengröße:** bis 10, 10–20 | **Alter:** ab 6
Anspruch für die Leitung: 1 | **Anspruch für die Gruppe:** 1 | **Aufwand:** 1
Sozialform: Einzelarbeit, Partnerarbeit, Gruppenarbeit, Plenum

Material: Naturmaterialien der Jahreszeit, Digitalkamera

Beschreibung
Der Ansatz der Landart setzt bei der Natur an. Naturmaterialien, landschaftliche Begebenheiten, Steine, Wasser, Licht und Schatten, Bäume und Pflanzen bilden das Ausgangsmaterial. Die Vergänglichkeit des Schaffens tritt dabei sichtbar auf, da die Kunstwerke meist in der Natur belassen werden. Der Prozess des Schaffens und das Betrachten danach stehen im Mittelpunkt. Erinnerungen in Form von Fotos bieten sich an.
Möglichkeiten der Gestaltung liegen zum Beispiel im Ordnen von Farben und Formen, dem Konstruieren von Bauwerken, dem Aufgreifen von natürlichen Landschaftsbegebenheiten oder dem bewussten Umwidmen oder Umgestalten von Natur.

Anwendungsbeispiel
- Steinbögen/Steintürme bauen
- Schöpfer sein: Gesichter aus Schlamm an Bäume modellieren
- Lebensbilder/Gottesbilder: Bodenbilder aus Naturmaterialien gestalten
- Themenideen: Wie sieht das Leben nach dem Tod aus?,
  Gott ist wie ..., Psalm gestalten

(nach: Güthler, Andreas / Lacher, Kathrin: Naturwerkstatt Landart. Ideen für kleine und große Naturkünstler, AT-Verlag, Baden/München 2005)

Projekt

Eine ungewöhnliche, meist öffentlichkeitswirksame und hilfreiche Aktion.

Kategorie: Outdoor/Unterwegs
Thema: Alle Themen
Zeitaufwand: 300 Minuten | **Gruppengröße:** bis 10, 10–20, 20+ | **Alter:** ab 12
Anspruch für die Leitung: 2 | **Anspruch für die Gruppe:** 3 | **Aufwand:** 3
Sozialform: Gruppenarbeit, Plenum

Material: je nach Projekt

Beschreibung
Ein Projekt geht in der Regel über einen längeren Zeitraum und bricht die übliche Wochenstruktur auf. Es sollte mit der Gruppe zusammen entwickelt werden.
Mögliche Projektphasen:
1. Entwicklung der Projektidee und Verständigung über das Projektziel
2. Planung und Informationsbeschaffung
3. Durchführung
4. Präsentationserstellung
5. Präsentation (Schautafeln, Internet, Gemeindebrief, Lokalpresse, Informationsveranstaltung, Gottesdienst)
6. Abschlussreflexion

Anwendungsbeispiel
- Ein Projekt mit Flüchtlingen: Die Gruppe besucht eine Flüchtlingsunterkunft und schaut, wo sie konkret helfen kann.
- Ein Umweltprojekt: Gemeinsam einen Baum pflanzen, den Wald aufräumen oder Nisthilfen für Wildbienen bauen.
- Ein diakonisches Projekt: Senioren in einem Altersheim besuchen oder mit ihnen spazieren gehen/fahren.
- Ein politisches Projekt: Die nationalsozialistische Vergangenheit eines Ortes aufarbeiten.

Solo
siehe Kategorie Erlebnispädagogik, S. 162

Tauschspiel

Stadtspiel mit viel Menschenkontakt.

Kategorie: Outdoor/Unterwegs, Spiel
Thema: Gemeinde, Gruppe
Zeitaufwand: 90 Minuten | **Gruppengröße:** bis 10, 10–20 | **Alter:** ab 12
Anspruch für die Leitung: 1 | **Anspruch für die Gruppe:** 3 | **Aufwand:** 1
Sozialform: Gruppenarbeit, Plenum

Material: pro Gruppe mehrere Zahnbürsten

Beschreibung
Das Tauschspiel bringt die Jugendlichen in Kontakt mit dem Ort, da sie nur so ihr Ziel erreichen können. Am Abend soll gemeinsam eine Pizza gebacken werden, zu der jedoch leider keine Zutaten vorhanden sind. Es gibt lediglich ein Bündel Zahnbürsten. Jede Gruppe bekommt zu Beginn eine Zahnbürste. Diese wird nun von der Gruppe immer weitergetauscht. Als Tauschpartner/Tauschpartnerinnen kommen die Bewohner/Bewohnerinnen des Ortes, Läden oder Passanten/Passantinnen infrage. Die Gruppen sprechen sich untereinander ab, wer in welche Richtung welche Zutat tauscht, sodass am Ende auch eine Pizza gebacken werden kann. Ist die jeweilige Zutat erreicht, holt sich die Gruppe eine weitere Zahnbürste ab und zieht erneut los auf der Suche nach geeigneten Tauschpartnern/Tauschpartnerinnen für die nächste Zutat.
Wichtig beim Tauschen ist: Es muss ein echter Tausch sein, zusätzliche Geschenke gehen nicht. Es darf nicht gegen Geld getauscht werden.
Am Ende der Tauschphase, wenn alle nötigen Zutaten zusammen sind, kann das Zubereiten der Pizza beginnen.

Variante
Das Tauschspiel kann auch in eine Stadtrallye eingebaut werden. Dann wäre das Ziel, den Startgegenstand möglichst immer weiter zu tauschen.

Anwendungsbeispiel
Für jede Gelegenheit anwendbar.

Wasserbombenvolleyball
siehe Kategorie Spiel, S. 124

Wege auf dem A zurücklegen
siehe Kategorie Erlebnispädagogik, S. 165

KATEGORIE: **TEXT**

Antworten geben

siehe Kategorie Theater, S. 194

Bibelfußball

siehe Kategorie Quiz, S. 202

Bibel teilen

Strukturierte Methode, um sich über einen Bibeltext auszutauschen.

Kategorie: Gespräch, Text
Thema: Bibel
Zeitaufwand: 40 Minuten | **Gruppengröße:** bis 10 | **Alter:** ab 12
Anspruch für die Leitung: 2 | **Anspruch für die Gruppe:** 2 | **Aufwand:** 1
Sozialform: Gruppenarbeit, Plenum

Material: Bibeln

Beschreibung
Die vollständige Methode, weiterentwickelt von Oswald Hirmer und Fritz Lobinger, umfasst sieben Schritte:

1. Gott begrüßen im Gebet
2. Lesen: Der Text wird von mehreren vorgelesen.
3. Sich ansprechen lassen: Alle, die mögen, sagen ein Wort oder einen kurzen Satzteil aus dem Text, der sie persönlich berührt hat. Es wird nicht kommentiert.
4. Schweigen: In einer Schweigezeit lässt man den Text in der Stille wirken.
5. Mitteilen: Erst jetzt wird aus der Stille heraus den anderen mitgeteilt, welches Wort einen angesprochen hat. Es geht hier nicht um eine Diskussion.
6. Handeln: Wie fordert der Bibeltext zum Handeln heraus?
7. Beten: Zum Abschluss kann jeder/jede Gott sagen, was ihn/sie bewegt.

Anwendungsbeispiel
Die Methode ist für jeden Bibeltext anwendbar. Auch eine Möglichkeit: May, Christopher: Farbe bekennen. Zeig, was du denkst!, buch+musik, Stuttgart 2016.

Bildergeschichte

Mithilfe einer Reihe von Bildern eine Geschichte erzählen.

Kategorie: Kreativ, Text
Thema: Bibel, Freundschaft, Gerechtigkeit
Zeitaufwand: 30 Minuten | **Gruppengröße:** bis 10, 10–20 | **Alter:** ab 12
Anspruch für die Leitung: 2 | **Anspruch für die Gruppe:** 3 | **Aufwand:** 2
Sozialform: Partnerarbeit, Gruppenarbeit

Material: Text, Bildergeschichte, Computer, Beamer

Beschreibung
Bei der praktischen Umsetzung kann man in zwei Richtungen vorgehen:

- Von den Bildern zum Text: Die Gruppe versucht, die Geschichte so anschaulich wie möglich zu erzählen (mit Präsentation).
- Vom Text zu den Bildern: Jede Geschichte kann in eine Bildergeschichte oder einen Comic mit sparsamen Texteinlagen umgesetzt werden.

Variante
Zwei Gruppen entwerfen eine Bildergeschichte zu einem Thema und verfassen einen Text dazu. Die Bilder werden getauscht und die andere Gruppe schreibt ihre Fassung der Geschichte auf. Anschließend wird verglichen.

Anwendungsbeispiel
Unbekanntere biblische Geschichten lassen sich als Bildergeschichte einführen. Die Gruppen erzählen eine Geschichte dazu. Später vergleicht man diese mit der biblischen Fassung. Dabei geht es nicht um richtig oder falsch, sondern um die Fragen: Was ist die Botschaft eurer Geschichte? Was ist die Botschaft der biblischen Geschichte?
(Beispiel: Wilson, Ian Long Pip: The Blob Bible, blobtree.com, [2] 2009.)

Brief an mich selbst

siehe Kategorie Abschluss, S. 223

Briefdialog mit der Gemeinde

Die Gruppe verfasst einzeln oder gemeinsam Briefe,
die von Gemeindegliedern beantwortet werden.

Kategorie: Text
Thema: Gemeinde, Glaubensbekenntnis, Kirche
Zeitaufwand: 30 Minuten | **Gruppengröße:** 10–20, 20+ | **Alter:** ab 12
Anspruch für die Leitung: 1 | **Anspruch für die Gruppe:** 2 | **Aufwand:** 1
Sozialform: Einzelarbeit

Material: Briefbögen, Stifte

Beschreibung

Eine schöne Möglichkeit, Jugendliche und Gemeindeglieder ins Gespräch zu bringen, ist ein Briefdialog. Die Dialogpartner/-partnerinnen aus der Gemeinde sollten möglichst schon vorher ausgewählt und informiert sein.
Jeder/jede Jugendliche schreibt seine/ihre persönliche Meinung zum Glauben, zur Kirche oder zu einem aktuellen Thema in einen Brief. Dieser wird innerhalb weniger Wochen beantwortet und in die Gruppe zurückgegeben. Wenn man will, kann man die Briefe in eine oder beide Richtungen anonymisieren.
Gut gelungene Dialoge können anonymisiert als Material für einen Gottesdienst oder die Gemeindehomepage verwendet werden.

Variante

Der Dialog kann auch per Email stattfinden.

Anwendungsbeispiel

Die Jugendlichen schreiben ein persönliches Glaubensbekenntnis und tauschen sich mit ihren Dialogpartnern/-partnerinnen darüber aus (Beispiel: Jetter, Gerald: Dein Glaube – unverwechselbar und wertvoll. In: Anknüpfen – Praxisideen, 2013, S. 123).

Dilemma?! Und jetzt?

siehe Kategorie Theater, S. 195

Elfchen

Ein kurzes Gedicht mit festgelegter Anzahl von Wörtern.

Kategorie: Text
Thema: Alle Themen
Zeitaufwand: 10 Minuten | **Gruppengröße:** bis 10, 10–20, 20+ | **Alter:** ab 12
Anspruch für die Leitung: 1 | **Anspruch für die Gruppe:** 1 | **Aufwand:** 1
Sozialform: Einzelarbeit, Partnerarbeit

Material: Papier, Stifte

Beschreibung
Ein Elfchen ist ein einfaches Gedicht ohne Reime, das aus fünf Zeilen besteht und in der ersten Zeile ein Wort, dann zwei, drei, vier Wörter und zum Schluss wieder ein Wort enthält. Entweder gibt man ein Thema vor oder wählt schon Begriffe als Überschrift oder letztes Wort aus.

Schreibvorlage

Variante
Die Form lässt sich leicht auf ein Sechzehnchen mit sechs Zeilen oder ein Zweiundzwanzigchen mit sieben Zeilen erweitern.

Anwendungsbeispiel
Mögliche Themen: Bestätigung, verantwortlich sein, Segen erhalten, Ja sagen zu Gott, Konfirmation (Beispiel: Kammerer, Stefan: durchKREUZt. Mit Konfirmand/innen einen Kreuzweg malen. In: Anknüpfen – Praxisideen, 2013, S. 451).

Fünf-Finger-Methode

Jeder der fünf Finger einer Hand stellt eine Frage an den Text.

Kategorie: Text
Thema: Bibel
Zeitaufwand: 20 Minuten | **Gruppengröße:** bis 10, 10–20, 20+ | **Alter:** ab 12
Anspruch für die Leitung: 2 | **Anspruch für die Gruppe:** 2 | **Aufwand:** 1
Sozialform: Gruppenarbeit, Plenum

Material: Texte, Bibeln

Beschreibung

Ein (Bibel-)Text wird laut vorgelesen, jeder/jede kann selbst in den Text schauen. Jeder/jede geht mithilfe der Finger verschiedene Fragen zum Text durch.

- Daumen: Was gefällt mir am Text, wo spricht er mich an?
- Zeigefinger: Worauf weist dieser Text hin, was soll ich tun?
- Mittelfinger: Was stört mich am Text oder hätte man heute besser anders gesagt?
- Ringfinger: Wo steckt in diesem Text etwas, das mir Mut macht?
- Kleiner Finger: Was kommt mir in diesem Text zu kurz?
  Welche anderen Texte (der Bibel) kenne ich, die eine gute Ergänzung darstellen?

(nach: www.liest-du-mich.de/index.php?id=451, letzter Zugriff am 28.11.2017)

Variante

Fünf Kleingruppen machen sich zu je einem Finger Gedanken und bringen die Antwort ein.

Anwendungsbeispiel

Markus 14,3-9 (Salbung Jesu in Bethanien): 1. Mir gefällt, dass Jesus die Frau verteidigt, die aus Begeisterung für ihn verschwenderisch war. 2. Der Text weist darauf hin, dass es im Leben Wichtigeres gibt als Geld. 3. Mich ärgert, dass die Frau nur durch diese Aktion bekannt werden konnte. Jesus hätte doch auch Frauen in den Kreis seiner zwölf Jünger berufen können. 4. Jesus verspricht, dass er zu denen hält, die ihm mit großer Leidenschaft begegnen. 5. Ich wüsste gern, wie man sich richtig verhält, wenn Jesus nicht mehr da ist.

Geschichte vorlesen

Eine spannende oder tiefsinnige Geschichte vorlesen.

Kategorie: Text
Thema: Alle Themen
Zeitaufwand: 20 Minuten | **Gruppengröße:** 10–20, 20+ | **Alter:** ab 6
Anspruch für die Leitung: 1 | **Anspruch für die Gruppe:** 1 | **Aufwand:** 1
Sozialform: Plenum

Material: Vorlesetext

Beschreibung
Geschichten vorlesen ist eine eher traditionelle Methode, die aber richtig eingesetzt durchaus gut ankommen kann. Extrem wichtig ist das Setting: Gibt es eine gemütliche Wohlfühlatmosphäre? Dann wird wahrscheinlich auch die Geschichte gut ankommen. Haben alle noch viel zu erzählen und sind außer Atem? Dann wird die Aufmerksamkeit vermutlich nicht lange halten.
Heikel ist immer die Frage: Wer liest? Natürlich kann der/die Leitende selbst lesen. Oft ist es aber auch hilfreich, jemanden aus der Gruppe zu bitten. Dies sollte aber eine Person sein, der man gut zuhören kann.

Variante
Außer Einzelgeschichten kann man auch längere Bücher in Abschnitten gemeinsam lesen, etwa im Rahmen eines Abschlussrituals.

Anwendungsbeispiel
Die Auswahl der Texte hängt von der Gruppe ab. Schön sind z. B. die Narnia-Geschichten von C. S. Lewis oder die Geschichten zu den Zehn Geboten von Stephan Sigg: Zehn gute Gründe für Gott. Die Zehn Gebote in unserer Zeit, Gabriel, Stuttgart/Wien 2011.

Kollaborativ-Texten
siehe Kategorie Computer, S. 188

Ohne Ende schreiben ...

Die Jugendlichen sollen sich ihre Gedanken aus dem Kopf schreiben, allerdings ohne diese zu reflektieren.

Kategorie: Text, Warm-up
Thema: Alle Themen
Zeitaufwand: 15 Minuten | **Gruppengröße:** bis 10, 10–20, 20+ | **Alter:** ab 12
Anspruch für die Leitung: 1 | **Anspruch für die Gruppe:** 2 | **Aufwand:** 1
Sozialform: Einzelarbeit, Plenum

Material: Papier, Stifte, akustisches Signal, Stoppuhr, Musik, Abspielgeräte, Kopfhörer

Beschreibung

Diese Methode kann den Jugendlichen helfen, den Kopf freizubekommen, ihre Gedanken zu ordnen oder sich thematisch zu positionieren.
Die Jugendlichen erhalten die Aufgabe, ihre Gedanken zu einem bestimmten Thema aufzuschreiben, sie haben dafür 4 Minuten Zeit. Der Clou besteht darin, dass der Stift während der gestoppten Zeit nicht abgesetzt werden darf. Kein Gedanke soll verloren gehen. Das heißt, alles muss aufgeschrieben werden, auch wenn das bedeutet, dass sich auf dem Papier Sätze wie: „Ich weiß nicht mehr, was ich schreiben soll. Ich finde das hier blöd. Ich wäre lieber am Strand." finden werden. Nach 4 Minuten ertönt ein akustisches Signal und beendet die Phase. Danach können die Jugendlichen ihre Ergebnisse für sich ordnen und dann, wenn sie das wollen, im Wortlaut verlesen.

Variante

Vielen Jugendlichen hilft es, wenn sie während des Schreibens Musik (die eigene Musik mit Handy und Kopfhörern) hören können.

Anwendungsbeispiel

Eine zu durchdenkende Frage könnte z. B. lauten: „Wenn ich Gott treffen könnte, was würde ich ihn fragen?"

Origami-Methode

Eine Frage bekommt schriftlich viele voneinander unabhängige Antworten.

Kategorie: Text
Thema: Bibel
Zeitaufwand: 30 Minuten | **Gruppengröße:** bis 10, 10–20 | **Alter:** ab 12
Anspruch für die Leitung: 1 | **Anspruch für die Gruppe:** 1 | **Aufwand:** 1
Sozialform: Einzelarbeit, Plenum

Material: weiße DIN-A4-Blätter, Stifte, Stoppuhr, akustisches Signal

Beschreibung
Ein Bibeltext wird gemeinsam gelesen. Anschließend soll jeder/jede auf ein weißes Blatt Papier eine Frage zum Text aufschreiben, die ihn/sie beschäftigt. Diese wird ganz unten auf das Papier geschrieben. Anschließend wird das Blatt im Kreis nach links weitergegeben.
Ganz oben formuliert nun der Nachbar / die Nachbarin eine mögliche Antwort. Diese wird so nach hinten gefaltet, dass man sie nicht mehr lesen kann. Das Blatt wird so lange weitergegeben, bis es wieder am Ausgangspunkt angelangt ist. Der/die Fragensteller/Fragenstellerin darf jetzt alle Antworten lesen und sich Gedanken dazu machen.
Man kann nach einer gewissen Zeit ein akustisches Signal geben, dass die nächste Runde beginnt. Im anschließenden Gespräch werden die Fragen und Antworten ausgetauscht (nach: www.liest-du-mich.de/index.php?id=533, letzter Zugriff am 28.11.2017).

Variante
Bei größeren Gruppen wandert das Blatt nach einer festgelegten Zahl von Antworten – empfehlenswert sind sechs bis acht Stationen – wieder zum Ausgangspunkt zurück.

Anwendungsbeispiel
Für diese Methode eignen sich besonders Texte, die viele Fragen auslösen (z. B. das Gleichnis von den anvertrauten Talenten (Mt 25,14-30), das Gleichnis von den Arbeitern im Weinberg (Mt 20,1-16).

Plakat gestalten

Visualisierung, Vertiefung und Sicherung diverser Themen.

Kategorie: Gespräch, Text
Thema: Alle Themen
Zeitaufwand: 30 Minuten | **Gruppengröße:** bis 10, 10–20, 20+ | **Alter:** ab 12
Anspruch für die Leitung: 1 | **Anspruch für die Gruppe:** 2 | **Aufwand:** 2
Sozialform: Partnerarbeit, Gruppenarbeit

Material: Text, Plakate, Eddings, Metaplankarten, Klebestifte, Scheren, Zeitschriften

Beschreibung

Plakate sollten so gestaltet sein, dass sie durch ihre Visualisierung zum Betrachten anregen. Daher sollte im Vorfeld darauf hingewiesen werden, dass eine grafische Umsetzung des zu bearbeitenden Textes gewünscht ist (z. B. Diagramme). Die Jugendlichen können zudem aus Zeitschriften diverse Motive verwenden. Wichtig sind kurze, stichhaltige Aussagen, Überschriften sowie eine sinnvolle Gliederung. Auch sollte das Plakat Raum für eigene Fragen und Anmerkungen der Gruppe bieten.

Variante

Statt mit Plakaten kann auch mit Metaplankarten gearbeitet werden, die dann flexibel arrangiert werden.

Anwendungsbeispiel

Es entstehen Assoziationsplakate zum Thema „Liebe und Hass".

Pro- und Kontralisten

siehe Kategorie Gespräch, S. 66

Rap

siehe Kategorie Musik, S. 180

Texte eindampfen

Texte erschließen durch Reduktion.

Kategorie: Einstieg, Text
Thema: Alle Themen
Zeitaufwand: 10 Minuten | **Gruppengröße:** bis 10, 10–20, 20+ | **Alter:** ab 12
Anspruch für die Leitung: 1 | **Anspruch für die Gruppe:** 2 | **Aufwand:** 2
Sozialform: Einzelarbeit

Material: schwarze Filzstifte, Texte

Beschreibung
Die Methode reduziert einen Text auf seine Kernaussage. Schrittweise wird der Text verkürzt und am Ende bleibt die zentrale Aussage stehen. Mit einem schwarzen Filzstift werden unwichtige Wörter schwarz übermalt.

Anwendungsbeispiel
Mögliche Aufträge könnten sein: Es soll ...

- nur die zentrale Aussage übrig bleiben.
- nur der Handlungskern übrig bleiben.
- nur die Handlung stehen bleiben,
  die danach als Standbild/Haltung gezeigt wird.
- die Wörter gestrichen werden,
  die für das Verständnis nicht unbedingt nötig sind.

Texte um die Wette lesen

Als Gruppe eine große Menge Text erfassen.

Kategorie: Spiel, Text
Thema: Bibel, Gemeinde, Jesus Christus, Religionen
Zeitaufwand: 45 Minuten | **Gruppengröße:** 10–20, 20+ | **Alter:** ab 12
Anspruch für die Leitung: 1 | **Anspruch für die Gruppe:** 1 | **Aufwand:** 1
Sozialform: Gruppenarbeit, Plenum

Material: Zeitungen, Texte oder Bibeln

Beschreibung
Man bildet drei oder mehr Gruppen, sodass in jeder Gruppe nicht mehr als vier Personen sind. Jede Gruppe bekommt den gleichen Text ausgeteilt (z. B. eine Ausgabe einer Tageszeitung). In 10 bis 15 Minuten Vorbereitungszeit muss die Gruppe versuchen, diesen Text so gut wie möglich zu erfassen. Am besten geht das, wenn man sich die Textmenge aufteilt, aber diesen Trick muss man nicht verraten.
Dann werden von der Spielleitung Fragen gestellt, die sich nur aus dem Text beantworten lassen. Jede richtige Antwort gibt 1 Punkt.

Variante
Man kann auch 2 Punkte pro Runde vergeben, den 2. Punkt bekommt die Gruppe, die zuerst die korrekte Fundstelle der Information benennt.

Anwendungsbeispiel
Thema Kirche: der letzte Gemeindebrief
Thema Jesus und Bibel: ein ganzes Evangelium
Thema Religionen: Tageszeitung (Es werden nur Fragen gestellt, die etwas mit Glaube und Religion zu tun haben und sich z. B. auf Traueranzeigen, Gottesdienstinformationen beziehen.)

Textschlange

Arbeit mit einem Text in Schlangenform.

Kategorie: Spiritualität, Text
Thema: Bibel
Zeitaufwand: 30 Minuten | **Gruppengröße:** 10–20, 20+ | **Alter:** ab 12
Anspruch für die Leitung: 2 | **Anspruch für die Gruppe:** 1 | **Aufwand:** 3
Sozialform: Plenum

Material: Textschlange

Beschreibung
Ein Text wird als Schlange (Querformat, DIN A3) ausgedruckt. Die Zeilen werden auseinandergeschnitten und in der Reihenfolge des Textes als lange Schlange aneinandergeklebt. Die Textschlange wird wild übereinandergelegt verteilt. Einige lesen nun einzelne Textfetzen vor. Dann hält jeder/jede ein Stück davon in der Hand und liest in zufälliger Reihenfolge den Abschnitt vor. Erst danach wird der Text von Anfang an in der richtigen Reihenfolge vorgelesen.
Dann wird die Textschlange wieder abgelegt. Jeder/jede darf sich ein für ihn besonderes Textstück herausreißen und mit ihm im Raum herumgehen und versuchen, ihn auf unterschiedliche Arten auszusprechen, z. B. andächtig oder aggressiv (nach: Dais, Petra: Das Spiel mit der Textschlange. In: Was dagegen, Jugendgottesdienstmaterial des Evang. Landesjugendpfarramts in Württemberg, 2002, S. 71 ff.).

Anwendungsbeispiel
Gut eignet sich z. B. Psalm 23 oder Psalm 139 (Beispiel: www.anknuepfen.de/materialien/themen/bookletsearch/Booklet/articleDetail/70.html, letzter Zugriff am 28.11.2017).

Think-Pair-Share
siehe Kategorie Gespräch, S. 73

Västeras-Methode

Die Västeras-Methode bearbeitet (Bibel-)Texte mit Zeichen am Rand.

Kategorie: Text
Thema: Bibel
Zeitaufwand: 20 Minuten | **Gruppengröße:** bis 10, 10–20 | **Alter:** ab 12
Anspruch für die Leitung: 1 | **Anspruch für die Gruppe:** 2 | **Aufwand:** 1
Sozialform: Einzelarbeit, Partnerarbeit, Gruppenarbeit, Plenum

Material: Bibeltexte (mit Randspalte), Stifte

Beschreibung
Jeder/jede liest und bearbeitet in Stillarbeit seinen/ihren Text mit folgenden vier Zeichen:
? Fragezeichen: Das verstehe ich nicht.
! Ausrufezeichen: Das leuchtet mir ein, das finde ich gut.
➔ Pfeil: Das spricht mich persönlich an.
ϟ Blitz: Da bin ich anderer Meinung.
Anschließend wird Aussage für Aussage durchgegangen. Wer ein Fragezeichen gesetzt hat, meldet sich und versucht, die Frage zu präzisieren. Antworten müssen diejenigen, die kein Fragezeichen gesetzt haben. Anschließend können diejenigen sich äußern, die persönlich angesprochen oder anderer Meinung sind.
Die Methode sollte möglichst nicht für sich stehen, anschließend sollte man den Text in irgendeiner Form kreativ weiterbearbeiten.

Variante
Es können noch weitere Zeichen erfunden und vereinbart werden, z. B. eine „Hand", wenn man zum Tun aufgefordert wird.

Anwendungsbeispiel
Als Text eignet sich z. B. der zwölfjährige Jesus im Tempel aus Lukas 2,41-52.

Verswahl

Den wichtigsten Vers finden.

Kategorie: Einstieg, Gespräch, Text
Thema: Bibel
Zeitaufwand: 15 Minuten | **Gruppengröße:** bis 10, 10–20 | **Alter:** ab 12
Anspruch für die Leitung: 1 | **Anspruch für die Gruppe:** 1 | **Aufwand:** 1
Sozialform: Plenum

Material: Papierstreifen, Stifte, Bibeltexte

Beschreibung
Diese Methode hilft, wesentliche Aussagen von Bibeltexten herauszuarbeiten und darüber ins Gespräch zu kommen. Dabei kommt es fast unbemerkt zu einer intensiven Auseinandersetzung mit dem Text. Ziel ist es, mit demokratischen Mitteln den wichtigsten Vers auszuwählen.
Vorgehen:

1. Der Text wird mit der gesamten Gruppe gelesen.
2. Für jeden Vers wird eine kurze Inhaltsangabe gefunden und auf einen Papierstreifen geschrieben.
3. Die Papierstreifen werden untereinander abgelegt und bilden so den gesamten Text ab.
4. Nun beginnt die Verswahl in drei Wahlgängen: Zuerst werden alle „unwichtigen" Aussagen des Textes auf die linke Seite gelegt, danach alle besonders wichtigen auf die rechte Seite. Von den besonders wichtigen Versen wird nun in geheimer Abstimmung der wichtigste Vers ausgewählt.

Variante
Es können auch ganze Verse ausgelegt werden, ohne sie zusammenzufassen. Auswahl erfolgt wie oben beschrieben.

Anwendungsbeispiel
Für alle Bibeltexte anwendbar.

Wortwolken/Bibelclouds
siehe Kategorie Computer, S. 192

KATEGORIE: GRUPPENDYNAMIK

Die Jagd auf den Unbekannten

siehe Kategorie Outdoor/Unterwegs, S. 126

Die Werwölfe von Düsterwald®

Ein abendfüllendes Rollenspiel, bei dem man Menschenkenntnis braucht.

Kategorie: Gruppendynamik, Spiel
Thema: Gruppe, Vertrauen
Zeitaufwand: 60 Minuten | **Gruppengröße:** 10–20, 20+ | **Alter:** ab 12
Anspruch für die Leitung: 2 | **Anspruch für die Gruppe:** 2 | **Aufwand:** 1
Sozialform: Plenum

Material: Rollenkarten

Beschreibung
Das Spiel wurde von Philippe des Phallières entwickelt. Im Dorf Düsterwald gehen als Bürger getarnte Werwölfe umher, die harmlose Bürger umbringen. Jeder/jede Mitspielende bekommt eine Karte mit seiner/ihrer Identität ausgeteilt. Die Spielleitung moderiert die Nacht, in der die Werwölfe die Augen öffnen und sich mit Gesten verständigen, welcher Bürger umgebracht wird, und den Tag, an dem diskutiert wird, wer zu den Werwölfen gehört und deshalb durch das Dorfgericht entfernt werden muss. Im Internet findet man zudem ausführliche Beschreibungen möglicher Rollen.

Variante
Zu diesem Spiel gibt es eine aktive Community, die schon viele zusätzliche Rollen mit besonderen Fähigkeiten entwickelt hat (Beispiel: www.werwolf-spiel.net, letzter Zugriff am 28.11.2017).

Anwendungsbeispiel
Bei diesem Spiel kann man wie durch ein Brennglas Prozesse beobachten, die auch sonst in Gruppen ablaufen. Es gibt Unterstellungen, auf die man reagieren muss. Der/die Ehrliche ist oft der/die Dumme. Immer wieder gibt es Sündenböcke, die nichts dafür können, dass man sie ans Messer liefert. Im Anschluss an dieses Spiel kann man gut an Regeln für die Gruppe arbeiten.

Eine-Welt-Essen

siehe Kategorie Erlebnispädagogik, S. 156

Eins, zwei, drei, Konzentration

siehe Kategorie Warm-up, S. 43

Escape Game

Problemlöserätsel für Gruppen.

Kategorie: Gruppendynamik, Kennenlernen, Kreativ, Spiel
Thema: Bibel
Zeitaufwand: 30 Minuten | **Gruppengröße:** bis 10 | **Alter:** ab 12
Anspruch für die Leitung: 1 | **Anspruch für die Gruppe:** 3 | **Aufwand:** 3
Sozialform: Gruppenarbeit

Material: je nach Escape Game: präparierte Bilder, Texte oder Gegenstände, ausgearbeitetes Escape Game (siehe Downloads zum Buch)

Beschreibung

Die Gruppe befindet sich in einem präparierten Raum. Überall im Raum sind Hinweise und Informationen zu finden. Ziel der Gruppe ist es, das Rätsel des Raumes zu lösen und den Ausgang zu finden. Auf sich gestellt beginnt die Gruppe, den Raum zu untersuchen und Rätselketten zu lösen. Codes müssen entschlüsselt, geheime Botschaften mit Schwarzlicht gefunden, Geschichten müssen übertragen oder schlicht etwas Verstecktes gefunden werden. Falls die Gruppe nicht weiterkommen sollte, kann ihr ein Hinweis z. B. per SMS gesandt werden. Gut lässt sich auch die Bibel als Gegenstand einbauen. Die Aufgabenstellung zwingt die Gruppe dazu, gemeinsam nach einer Lösung zu suchen. Sie müssen ihr Vorgehen abstimmen und ihre Ideen austauschen. Gut geeignet sind Gemeindehäuser, da dort die Räume gut vorbereitet werden können.

Anwendungsbeispiel

Es gibt fertige Ideen zu Escape Games im Handel oder sie können auch selbst entwickelt werden.
Ein ausgearbeitetes Escape Game „Noahs Geheimnis" befindet sich im Downloadbereich.
Weitere Escape Games rund um das Thema Bibel: Müller, Ingo / Nöh, Timo / Sander, Simon / Stöhr, Michael: Der geheimnisvolle Raum. 7 Live Escape Games zur Bibel. Ein Raum. Ein Team. Eine Aufgabe. Eine Stunde., buch+musik, Stuttgart ^{3}2017.

Flussüberquerung
siehe Kategorie Erlebnispädagogik, S. 158

Gala-Abend
siehe Kategorie Abschluss, S. 225

Gefühlskarten
siehe Kategorie Feedback, S. 217

Rakete

Eine Gruppenrakete steigen lassen.

Kategorie: Gruppendynamik, Inklusiv/Basal
Thema: Alle Themen

Zeitaufwand: 3 Minuten	**Gruppengröße:** 10–20, 20+	**Alter:** ab 6
Anspruch für die Leitung: 1	**Anspruch für die Gruppe:** 1	**Aufwand:** 1

Sozialform: Plenum

Material: keines

Beschreibung
Immer wieder gibt es in Gruppen Situationen, die eine besondere Aktion erfordern. Zu solchen Anlässen kann eine Gruppenrakete Wunder wirken.
Eine Rakete braucht einen Vorsprecher / eine Vorsprecherin und besteht aus drei Phasen:
- Phase eins: Alle trampeln auf den Boden.
- Phase zwei: Alle trommeln auf die Oberschenkel.
- Phase drei (der Start): Alle springen auf und rufen laut.

Anwendungsbeispiel
Diese Methode eignet sich gut für Geburtstage, Festessen usw.

Speeddating
siehe Kategorie Gespräch, S. 69

Steine der Herrschaft

Gruppenaufgabe um die Frage der Macht.

Kategorie: Gruppendynamik
Thema: Gerechtigkeit, Gruppe
Zeitaufwand: 25 Minuten | **Gruppengröße:** bis 10, 10–20 | **Alter:** ab 12
Anspruch für die Leitung: 1 | **Anspruch für die Gruppe:** 2 | **Aufwand:** 1
Sozialform: Plenum

Material: 8 Steine pro Person, Schokolade, Stoppuhr

Beschreibung
Jeder/jede Teilnehmende erhält acht Steine. Die Gruppe soll nun einen geeigneten Chef finden. Dies wird durch die Verteilung der Steine geregelt. Wer nach 10 Minuten die meisten Steine vor sich liegen hat, ist der Chef und erhält eine Tafel Schokolade.
Regeln:

- Die Spielenden kommen reihum dran.
- Jeder/jede darf pro Runde höchstens drei Steine in die Hand nehmen.
- Die Steine dürfen nach Belieben aus dem eigenen Vorrat oder von einem/einer anderen bzw. mehreren Spielern genommen werden.
- Die genommenen Steine dürfen nach Belieben auf den eigenen Vorrat und/oder an andere Spieler verteilt werden.
- Jeder/jede Spielende muss pro Runde mindestens einen Stein aufnehmen.

Anwendungsbeispiel
Mögliche Fragestellungen:

- Wurde der Chef einvernehmlich oder mit Gewalt ernannt?
- Wurden Fähigkeiten bzw. Stärken ins Feld geführt?
- Gab es Koalitionen?
- Warum haben Teilnehmende Steine an sich genommen oder abgegeben?
- Was bedeutet es für eine Gruppe, wenn die Macht einseitig verteilt ist?

Strippen ziehen

siehe Kategorie Spiel, S. 122

Stühle balancieren

Schaffen es die Jugendlichen trotz gekippter Stühle den Stuhlkreis zu umrunden?

Kategorie: Gruppendynamik, Spiel
Thema: Gruppe
Zeitaufwand: 15 Minuten | **Gruppengröße:** 10–20, 20+ | **Alter:** ab 6
Anspruch für die Leitung: 1 | **Anspruch für die Gruppe:** 2 | **Aufwand:** 1
Sozialform: Plenum

Material: Stühle

Beschreibung

Diese Methode kann nur gemeinschaftlich gelingen.
Die Jugendlichen bilden einen Stuhlkreis und stellen sich hinter ihre Stühle. Die Stühle werden mit der rechten Hand leicht nach vorne gekippt und festgehalten. Die linke Hand wird auf den Rücken gelegt und bleibt dort das ganze Spiel über. Die Jugendlichen sollen nun versuchen, einmal um den Kreis herumzulaufen, ohne dass ein Stuhl nach vorne kippt oder den Boden berührt. Sollte ein Stuhl fallen, müssen alle wieder an ihre ursprüngliche Ausgangsposition zurück. Das Spiel ist dann beendet, wenn der Ausgangsplatz erreicht wird oder die Konzentrationsfähigkeit nachlässt. Die Jugendlichen sollen ihre Spielstrategie selbst entwickeln. Es empfiehlt sich, dass die Leitung mitspielt, allerdings keine Kommandos übernimmt. Nach Ende des Spiels kann eine Reflexion erfolgen.

Variante

Gut eingespielte Gruppen können dieses Spiel auch mit geschlossenen Augen versuchen.

Anwendungsbeispiel

Das Spiel eignet sich wunderbar als Unterbrechung einer Arbeitsphase oder zu Beginn einer Veranstaltung.

Unser Vertrag(en)

Eine gruppendynamische Bestandsaufnahme mit einem Vertrag als Ergebnis.

Kategorie: Gruppendynamik
Thema: Freundschaft, Gruppe, Vertrauen
Zeitaufwand: 30 Minuten | **Gruppengröße:** bis 10, 10–20, 20+ | **Alter:** ab 12
Anspruch für die Leitung: 3 | **Anspruch für die Gruppe:** 2 | **Aufwand:** 2
Sozialform: Einzelarbeit, Partnerarbeit, Gruppenarbeit, Plenum

Material: Stifte, Papier, Poster

Beschreibung
Diese Methode soll die Jugendlichen zu einem Perspektivwechsel animieren.
Es sollte eine andere Methode vorausgegangen sein (z. B. könnten sich die Jugendlichen zu denjenigen stellen, denen sie sich nah fühlen). Nach einer Bestandsaufnahme folgt ein Interview mit Fragen nach dem Empfinden und eine Diskussion über die Gründe eines möglichen gruppendynamischen Ungleichgewichts. Diese werden schriftlich fixiert und anschließend ins Gegenteil verkehrt („Was brauchen wir, damit unsere Gruppe wieder ins Lot kommt?"). Das Regelwerk dazu wird thesenartig in Gruppen erarbeitet und im Plenum vorgestellt. Die Jugendlichen stimmen darüber ab, welche „Regeln" sie einhalten wollen. Diese werden in einem „Vertrag" schriftlich fixiert und von allen unterschrieben. Der Vertrag sollte sichtbar im Raum angebracht werden. Ab jetzt ist dieser bindend.

Anwendungsbeispiel
Bei Konflikten und deren Aufarbeitung empfiehlt es sich, einen Vertrag abzuschließen.

Wege auf dem A zurücklegen

siehe Kategorie Erlebnispädagogik, S. 165

Woche gemeinsamen Lebens

Eine Woche als Gruppe zusammenziehen und den Alltag teilen.

Kategorie: Gruppendynamik
Thema: Alle Themen
Zeitaufwand: 7 Tage | **Gruppengröße:** 10–20, 20+ | **Alter:** ab 12
Anspruch für die Leitung: 3 | **Anspruch für die Gruppe:** 2 | **Aufwand:** 3
Sozialform: Plenum

Material: Verpflegung und Material je nach Programm

Beschreibung
Für eine Woche zieht man zusammen ins Gemeindehaus ein, übernachtet mit Schlafsack und Isomatte, steht gemeinsam auf und frühstückt zusammen.
Neben dem Alltag, der für jeden/jede anders aussieht, gibt es gemeinsame Zeiten: einen geistlichen Start in den Tag, einen Tagesabschluss, das gemeinsame Kochen und Abendessen. Wie in einer Familie übernimmt jeder/jede Aufgaben für die Allgemeinheit. Ein Mitarbeiterteam sorgt dafür, dass der Rahmen eingehalten wird, immer etwas zu essen da ist und organisiert ein attraktives Rahmenprogramm (z. B. einen gemeinsamen Spieleabend).
Da sich unter den Teilnehmenden ein intensives Verhältnis entwickelt, sollte gelten: entweder ganz teilnehmen oder gar nicht.

Variante
Es muss nicht immer das Gemeindehaus sein, vielleicht steht ein Haus im Ort zeitweise leer und darf benutzt werden. Oder es gibt ein Freizeithaus in der Nähe, das per Fahrrad noch gut erreichbar ist.

Anwendungsbeispiel
Eine Woche gemeinsamen Lebens kann ähnlich wie eine Freizeit unter ein bestimmtes Motto gestellt werden (z. B. Leben als Jünger Jesu). Jeden Tag gibt es einen Impuls zum Thema und eine Challenge des Tages. Abends tauscht man sich darüber aus, welche Erfahrungen man am Tag gemacht hat.

KATEGORIE: ERLEBNISPÄDAGOGIK

Actionbound

siehe Kategorie Computer, S. 184

Blind sein

siehe Kategorie Inklusiv/Basal, S. 166

Eine-Welt-Essen

Ein Abend zum Thema Hunger und ungerechter Verteilung von Reichtum auf der Welt.

Kategorie: Erlebnispädagogik, Gruppendynamik
Thema: Abendmahl, Diakonie, Gerechtigkeit, Gruppe, Theodizee
Zeitaufwand: 120 Minuten | **Gruppengröße:** 10–20, 20+ | **Alter:** ab 12
Anspruch für die Leitung: 3 | **Anspruch für die Gruppe:** 2 | **Aufwand:** 3
Sozialform: Plenum

Material: Festmahl mit Dekoration, belegte Brote und Tee, Reis und Wasser

Beschreibung
Der Abend greift die Thematik von Hunger und Ungerechtigkeit ganzheitlich auf. Die Jugendlichen erleben die Situation unserer Welt.
Vorbereitungen für den Abend:
Es wird, möglichst schriftlich, zu einem festlichen Abend mit einem gemeinsamen, besonderen Essen eingeladen. Im Raum werden drei nummerierte Tische vorbereitet:

- Tisch 1: eine festlich gedeckte Tafel mit vielen Köstlichkeiten (was hier steht, würde auch für alle reichen)
- Tisch 2: ein roher Holztisch mit einigen belegten Broten und Tee
- Tisch 3: eine Schüssel mit gekochtem, jedoch ungewürztem Reis, dazu eine Kanne Wasser in einer Ecke auf dem Fußboden

➡

Die Anzahl der Plätze an den einzelnen Tischen ist ungefähr gleich groß. Wenn alle Gäste anwesend sind, werden sie im Vorraum begrüßt. Alle ziehen ein Los, da bestimmte Umstände ein Teilen der Gruppe nötig macht. Nun wird der Raum geöffnet. Leitung und Mitarbeitende ziehen auch ein Los, greifen in den weiteren Verlauf des Abends aber nicht ein. Das Geschehen soll sich frei entwickeln können.
Das Essen führt oft zu weniger oder mehr belastenden Situationen. Nach dem Essen muss deshalb die Möglichkeit zur Aussprache eingeplant werden. Die Moderation des weiteren Abends erfordert Empathie und Aufmerksamkeit der Leitung.
Der weitere Abend:

- Gefühle und Reaktionen der drei Tische aufgreifen.
- Konkrete Handlungsmöglichkeiten entwickeln, um mit der Situation umzugehen.

Anwendungsbeispiel
Mögliche biblische Fortführungen für den Abend:

- Mannawunder: 2. Mose 16
- Speisung der Fünftausend: Matthäus 14,13-21
- Vom reichen Mann und dem armen Lazarus: Lukas 16,19-31

Elektrischer Draht

siehe Kategorie Inklusiv/Basal, S. 167

Flussüberquerung

Kooperative Gruppenaufgabe für drinnen und draußen

Kategorie: Erlebnispädagogik, Gruppendynamik, Spiel
Thema: Gruppe
Zeitaufwand: 30 Minuten | **Gruppengröße:** 10–20 | **Alter:** ab 6
Anspruch für die Leitung: 1 | **Anspruch für die Gruppe:** 2 | **Aufwand:** 1
Sozialform: Plenum

Material: Teppichfliesen (Kartonstücke o. Ä.), Seile/Kreide für die Spielfeldmarkierung

Beschreibung
Ein reißender Fluss trennt die beiden Ufer. Um den Fluss zu überqueren, stehen der Gruppe nur ein paar schwimmende Teppichfliesen zur Verfügung. Werden es alle auf die andere Seite schaffen?
Mit zwei Seilen (oder Kreide) werden die Ufer des Flusses auf dem Boden markiert. Der Fluss sollte eine Breite von mindestens 6 m haben. Die Gruppe bekommt nicht für jedes Gruppenmitglied eine Teppichfliese. Innerhalb des Flusses darf der Boden nur auf den Fliesen betreten werde. Diese dürfen aufgenommen und weitergegeben werden. Ziel ist es, dass die ganze Gruppe die andere Seite erreicht.

Variante
Flusshexe: Teppichfliesen, die nicht von einem Fuß berührt werden, gehen durch die reißende Strömung oder eine Flusshexe verloren und werden aus dem Spiel genommen.

Anwendungsbeispiel
Die Überquerung des Flusses erfordert Absprache und gemeinsame Problemlösung von der Gruppe. Diese Übung macht Gruppenprozesse sichtbar, die in einer zweiten Phase weiterbearbeitet werden können. Mögliche Fragestellungen: „Auf welchem Weg werden in der Gruppe Entscheidungen getroffen?"

Geocaching

Eine Schatzsuche mit GPS-Gerät.

Kategorie: Erlebnispädagogik, Outdoor/Unterwegs
Thema: Schöpfung
Zeitaufwand: 90 Minuten | **Gruppengröße:** 10–20, 20+ | **Alter:** ab 12
Anspruch für die Leitung: 2 | **Anspruch für die Gruppe:** 3 | **Aufwand:** 3
Sozialform: Gruppenarbeit

Material: 1 GPS-Gerät pro Gruppe, Blatt mit Koordinaten, Schatz/Aufgaben, Digitalkameras

Beschreibung

Jeder Punkt auf der Erde ist mit Koordinaten eindeutig zu finden. Mithilfe von GPS-Geräten oder mit GPS-fähigen Smartphones und einer passenden App (z. B. www.cgeo.org, letzter Zugriff am 28.11.2017) bekommt man beim Laufen die Richtung und den Abstand vom Ziel gezeigt. Die Koordinaten werden entweder zu Fuß mit einem Gerät erhoben oder auf einer digitalen Weltkarte.
Am Ziel findet man entweder einen Schatz oder eine Aufgabe. Für einen Rundlauf hinterlässt man noch die nächsten Koordinaten. Man kann auch alle Koordinaten auf einen Laufzettel schreiben.

Variante

Als Schnitzeljagd: Eine Gruppe bekommt einen Vorsprung und muss alle 20 Minuten per Handy die aktuellen Koordinaten durchgeben.

Anwendungsbeispiel

Jugendliche bauen Landart-Kunstwerke (siehe Methode Landart in Kategorie Outdoor/Unterwegs, S. 131) zum Thema Schöpfung an vordefinierten Orten, besuchen anschließend die entstandenen Kunstwerke und machen Fotos davon.

Getragen sein

siehe Kategorie Inklusiv/Basal, S. 170

Gordischer Knoten

Knoten entwirren ganz ohne Schnur.

Kategorie: Erlebnispädagogik
Thema: Gruppe
Zeitaufwand: 15 Minuten | **Gruppengröße:** 10–20, 20+ | **Alter:** ab 12
Anspruch für die Leitung: 1 | **Anspruch für die Gruppe:** 2 | **Aufwand:** 1
Sozialform: Plenum

Material: keines

Beschreibung
Die Gruppe stellt sich in einem Kreis auf. Alle schließen die Augen und strecken beide Arme nach vorn. Langsam laufen alle in die Mitte und suchen nach anderen Händen. Wer zwei Hände gefunden hat, öffnet die Augen. Die Gruppe muss nun den entstandenen Knoten entwirren, ohne die Hände dabei loszulassen. Meist entstehen dabei auch mehrere Kreise.

Anwendungsbeispiel
Diese Übung eignet sich gut, um die Gruppe mehr in Kontakt zu bringen. Sie eignet sich jedoch nicht für eine neue Gruppe, da sie Körperkontakt und körperliche Nähe voraussetzt.

Inszeniertes Essen
siehe Kategorie Inklusiv/Basal, S. 171

Landart
siehe Kategorie Outdoor/Unterwegs, S. 131

Lernstationen bauen

Die Jugendlichen erfinden zu einem Thema kreative Lernstationen.

Kategorie: Erlebnispädagogik, Kreativ
Thema: Gebet, Glaubensbekenntnis, Vertrauen
Zeitaufwand: 120 Minuten | **Gruppengröße:** 10–20, 20+ | **Alter:** ab 12
Anspruch für die Leitung: 2 | **Anspruch für die Gruppe:** 2 | **Aufwand:** 1
Sozialform: Gruppenarbeit

Material: Kreativmaterialien, Naturmaterialien, Alltagsgegenstände, Papier, Stifte

Beschreibung
Stationen, die besondere Erlebnisse ermöglichen, müssen nicht immer von der Gruppenleitung geplant und aufgebaut werden.
Für den Bau der Lernstationen stellt man anregende Kreativmaterialien bereit. Es darf alles verwendet werden, was es im Haus oder in der Natur gibt. Einzige Bedingung: Es darf nichts dauerhaft kaputtgehen, und alles muss hinterher wieder aufgeräumt werden. Jede Gruppe notiert schriftlich, wie die Aufgabe an ihrer Station aussehen soll.
Die Gruppen werden nach Neigung zusammengestellt. Eine Gruppe sollte nicht größer als vier Personen sein. Für das kreative Bauen braucht man mindestens eine Dreiviertelstunde. Anschließend werden die Stationen frei in kleineren Gruppen durchlaufen. Wenn eine Station Betreuung braucht, sollten die Gruppenmitglieder sich abwechseln, damit jeder/jede wenigstens einige der anderen Stationen ausprobieren kann.

Anwendungsbeispiel
Es eignen sich Themen wie z. B. Vertrauen, Glaube oder Beten (Beispiel: Keßler, Hans-Ulrich / Nolte, Burkhardt: Konfis auf Gottsuche. Praxismodelle für eine handlungsorientierte Konfirmandenarbeit, Gütersloher Verlagshaus, Gütersloh 2009, S. 128–135).

Solo

Zeit für mich und meine Gedanken haben.

Kategorie: Erlebnispädagogik, Outdoor/Unterwegs, Spiritualität
Thema: Alle Themen
Zeitaufwand: 30 Minuten | **Gruppengröße:** bis 10, 10–20, 20+ | **Alter:** ab 12
Anspruch für die Leitung: 1 | **Anspruch für die Gruppe:** 3 | **Aufwand:** 1
Sozialform: Einzelarbeit

Material: Bibelverse

Beschreibung

Zeit für eigene Gedanken und Alleinsein gibt es nur wenig im Alltag. Diese Methode schafft die Möglichkeit dazu. Sie kann auch mit konkreten Beobachtungsaufgaben oder Bibelversen gestaltet werden.

Für die Zeit des Solos bleibt jeder/jede für sich. Die Dauer kann eine vereinbarte Wegstrecke oder ein Zeitraum sein. Alle Beteiligten kommunizieren für diese Zeit nicht miteinander und gehen sich nach Möglichkeit aus dem Weg. Bei zeitlich offenen Varianten kann auch ein zentraler Ort (Zimmer, Kreis) vereinbart werden. Das Solo beginnt, sobald der Ort verlassen wird, und endet für die Person bei der Rückkehr.

Anwendungsbeispiel

Meditationsweg: Die Jugendlichen werden einzeln mit einigen Minuten Abstand auf einen Weg geschickt. Der Weg ist durch Stationen in Abschnitte unterteilt. Für die jeweiligen Abschnitte bekommen sie einen Vers mit auf den Weg.

Zeit der Stille: Gemeinsamer Beginn an einem zentralen Ort mit guter Übersicht. Wer den Ort verlässt, sucht sich einen schönen Ort und verbringt dort die Zeit. Der Zeitumfang kann je nach Gruppe und Situation auch auf eine Übernachtung im Freien ausgedehnt werden. Die einzelnen Orte können danach gemeinsam besucht werden.

Vertrauenslauf – Schilfmeerdurchquerung

Ein Vertrauenslauf der zum Exodus-Erlebnis werden kann.

Kategorie: Erlebnispädagogik
Thema: Vertrauen
Zeitaufwand: 30 Minuten | **Gruppengröße:** 10–20, 20+ | **Alter:** ab 6
Anspruch für die Leitung: 2 | **Anspruch für die Gruppe:** 2 | **Aufwand:** 1
Sozialform: Gruppenarbeit, Plenum

Material: keines

Beschreibung

Die Teilnehmenden werden gebeten, eine Gasse zu bilden. Beide Gruppenhälften stehen sich im Abstand einer Armeslänge gegenüber. Uhren und Ringe müssen abgelegt werden, dann wird die Gasse durch Ausstrecken der Arme geschlossen. Nun dürfen alle, die wollen, einmal durch diese Gasse laufen. Sie starten an einem Punkt in ca. 10 m Abstand. Vor dem Loslaufen müssen die Laufenden die Gruppe laut nach ihrer Bereitschaft fragen und diese muss das Startsignal geben. Erreicht der/die Laufende dann die Gasse, reißen die Mitspielenden nacheinander ihre Arme kurzfristig in die Höhe und geben somit die Gasse frei. Unmittelbar danach senken sie ihre Arme wieder, sodass eine Art Wellenbewegung entsteht.

Personenaufstellung

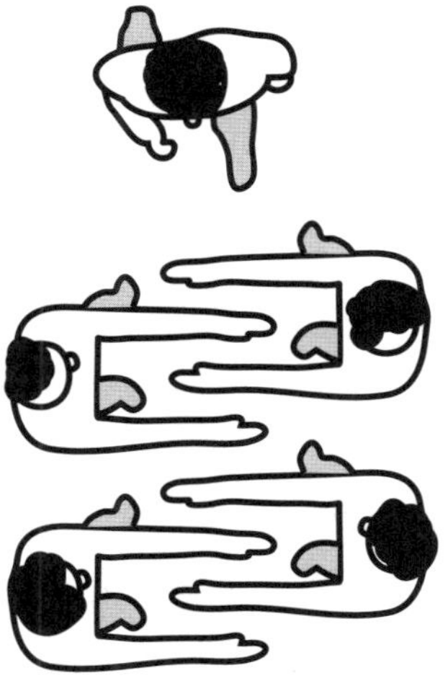

Wichtig

- Die Mitspielenden müssen ihre Arme auf jeden Fall rechtzeitig hochreißen. Andererseits sollten sie es so lange wie möglich hinauszögern, sodass der Eindruck entsteht, auf eine geschlossene Wand zuzulaufen.
- Die Laufenden können die Geschwindigkeit selbst bestimmen. Eine Erhöhung des Tempos während des Laufes muss aber ausgeschlossen werden.

Anwendungsbeispiel

Die Erzählung vom Volk Israel, das vor den Ägyptern flieht und vor dem Meer als Sackgasse steht, hilft, sich den Ablauf und die Herausforderungen der Übung vorzustellen. Die Gasse wird hier zum Meer, das sich teilt. Bei dem klaren Ritual vor dem Loslaufen ruft der/die Laufende nun: „Ich sitze in der Falle!", um die Gruppe nach ihrer Bereitschaft zu fragen. Die Gruppe antwortet dann mit dem Startsignal: „Hab keine Angst!"

Wege auf dem A zurücklegen

Balance als Gruppenaufgabe.

Kategorie: Erlebnispädagogik, Gruppendynamik, Outdoor/Unterwegs, Spiel
Thema: Gruppe, Vertrauen

Zeitaufwand: 45 Minuten	**Gruppengröße:** 10–20	**Alter:** ab 12
Anspruch für die Leitung: 2	**Anspruch für die Gruppe:** 2	**Aufwand:** 2

Sozialform: Plenum

Material: 2 Holzstangen 4 m lang, 1 Holzstange 2 m lang, mind. 8 Stricke (5 m lang), Seile zum Zusammenbinden

Beschreibung
Die drei Holzstangen werden zu einem großen „A" gebunden. Es muss so groß sein, dass eine Person bequem auf dem Querholz im A stehen kann. Alle Stangen sollten daher eine Mindestdicke von 6 cm haben. An der Spitze des As werden die langen Stricke befestigt. Das A wird gemeinsam aufgerichtet und in Balance gebracht. Eine Person stellt sich auf den Querbalken. Aufgabe der Gruppe ist es nun, das A „laufend" über eine bestimmte Strecke zu bewegen, nur mithilfe der Stricke und der Person auf dem A. Das „Laufen" benötigt von der Gruppe die richtige Mischung aus Halten und Kippen mithilfe der Seile. Achtung: Alle Seilverbindungen müssen fest geknotet sein, da sonst Verletzungsgefahr besteht!

Variante
Zur Wiederverwendung kann das A auch aus Kanthölzern gebaut werden und mit Schlossschrauben verschraubt werden.

Anwendungsbeispiel
Die Gruppe kann nur mit dem A laufen, wenn sie es aufgerichtet in Balance hält. Alle werden zum Gelingen gebraucht. Mit dieser Erfahrung kann im Anschluss z. B. im Gespräch weitergearbeitet werden. Themen wie „Was gibt mir Halt?" oder „Auf was verlasse ich mich?" bieten sich an.

KATEGORIE:
INKLUSIV/BASAL

Blind sein

Methode rund um das Thema „ohne Sicht".

Kategorie: Erlebnispädagogik, Inklusiv/Basal, Spiel
Thema: Vertrauen
Zeitaufwand: 30 Minuten | **Gruppengröße:** bis 10, 10–20 | **Alter:** ab 12
Anspruch für die Leitung: 2 | **Anspruch für die Gruppe:** 3 | **Aufwand:** 1
Sozialform: Partnerarbeit

Material: Augenbinden, Seil, Gegenstände

Beschreibung
Der Verlust des Sehsinns erzeugt eine hohe Unsicherheit und Orientierungslosigkeit. Der Raum wird mit verschiedenen Hindernissen verbaut (z. B. Tische, Stühle, Wassereimer). Ziel ist es, blind und unbeschadet auf die andere Seite des Raumes zu kommen. Die Gruppe wird dazu paarweise aufgeteilt. Die eine Person geht den Parcours blind, die zweite Person dirigiert sie durch Zuruf durch den Raum. Alle Blinden beginnen gleichzeitig auf einer Seite des Raumes. Die Sehenden befinden sich auf der anderen Seite und dirigieren sie. Sind alle angekommen, kann getauscht werden.

Variante
Der blinde Wurm: Alle „Blinden" stellen sich hintereinander auf und halten sich an der Schulter der Person davor fest. Nur die letzte Person kann sehen und lenkt den blinden Wurm durch Richtungsansagen.
Erkunden am Seil: Bei dieser Variante folgen die Jugendlichen blind einem Seil, das auf dem Gelände oder im Haus angebracht ist. Unterwegs können Gegenstände zum Ertasten angebunden werden.

Anwendungsbeispiel
Das biblische Motiv „blind sein" lässt sich mit dieser Methode gut erlebbar machen.

Elektrischer Draht

Ein Seil muss von der Gruppe kooperativ überwunden werden.

Kategorie: Erlebnispädagogik, Inklusiv/Basal, Spiel
Thema: Diakonie, Gruppe
Zeitaufwand: 20 Minuten | **Gruppengröße:** bis 10, 10–20 | **Alter:** ab 12
Anspruch für die Leitung: 1 | **Anspruch für die Gruppe:** 2 | **Aufwand:** 1
Sozialform: Plenum

Material: langes Seil

Beschreibung
Ein langes Seil wird von zwei Mitarbeitenden in einer Höhe von etwa 1,5 m gehalten oder zwischen zwei Bäumen befestigt.
Die Gruppe muss nun den elektrischen Draht überwinden, ohne ihn zu berühren. Es ist nicht erlaubt, einfach allein über das Seil zu springen. Hilfestellung darf man auch unter dem Seil hindurch geben.
Bei weiteren Durchläufen kann das Seil in Absprache mit der Gruppe höher gehängt werden. Welche Höhe schafft man gerade noch?
In der Reflexion wird ausgewertet, wie man gemeinsam das Ziel erreicht hat, was hilfreich war und wer sich wo und wie eingebracht hat.

Anwendungsbeispiel
Zu diesem Spiel passt der Bibelvers: „Einer trage des andern Last, so werdet ihr das Gesetz Christi erfüllen" (Gal 6,2 Lu). Wo brauchen wir im Alltag die Unterstützung der anderen, um ans Ziel zu kommen?

Fantasiereise

Mit geschlossenen Augen begibt man sich auf eine geführte Gedankenreise.

Kategorie: Inklusiv/Basal, Spiritualität
Thema: Gebote, Identität, Rituale, Schöpfung, Vertrauen
Zeitaufwand: 15 Minuten | **Gruppengröße:** bis 10, 10–20 | **Alter:** ab 12
Anspruch für die Leitung: 3 | **Anspruch für die Gruppe:** 1 | **Aufwand:** 1
Sozialform: Plenum

Material: Anleitungstext

Beschreibung
Eine Fantasiereise ist eine schöne Möglichkeit, bestimmte Gedanken anzustoßen. Allerdings muss man mit der Anleitung sehr behutsam sein. Eine Fantasiereise braucht das Einverständnis der Teilnehmenden.
Sie kann sitzend im Kreis (alle drehen sich nach außen) oder auch liegend durchgeführt werden. Die Sprache ist ruhig und meditativ. Nach allen neuen Aussagen werden Pausen gemacht.
Einleitung: „Setzt euch bequem auf euren Stuhl, sodass ihr Lehne und Sitzfläche ganz spürt. Stellt beide Füße auf den Boden, sodass ihr die Fußsohlen spürt. Werdet still. Schließt jetzt bitte die Augen." Es folgt die Reise, meist eine fiktive Geschichte, die angenehme Bilder hervorruft.
Abschluss: „Wir haben gemeinsam einen weiten Weg zurückgelegt. Kommt jetzt langsam wieder zurück in diesen Raum. Spürt eure Körper, indem ihr die Arme weit nach oben streckt. Atmet tief durch, öffnet die Augen."
Nun kann man fragen, ob jemand von seinen inneren Bildern berichten möchte.

Anwendungsbeispiel
Möglich wäre eine Fantasiereise zum Thema Schöpfung, bei der die einzelnen Körperteile der Reihe nach durchgegangen werden (Beispiel: Sendler-Koschel, Birgit: Ich danke dir dafür, dass ich wunderbar gemacht bin. In: Anknüpfen – Praxisideen, 2013, S. 197 f.).

Gefühl zeigen

Alle stellen spontan pantomimisch ein bestimmtes Gefühl dar.

Kategorie: Inklusiv/Basal, Theater, Warm-up
Thema: Diakonie, Identität
Zeitaufwand: 10 Minuten | **Gruppengröße:** 10–20, 20+ | **Alter:** ab 12
Anspruch für die Leitung: 1 | **Anspruch für die Gruppe:** 1 | **Aufwand:** 1
Sozialform: Plenum

Material: Musik, Abspielgerät

Beschreibung
Diese Methode ist eine ideale Vorbereitung auf weitere Körperarbeit, aber auch ein guter Wachmacher für zwischendurch. Sie hilft dabei, Gefühle auszudrücken und sich und die anderen besser wahrzunehmen.
Zu anregender Musik bewegen sich alle frei im Raum. Sobald die Musik aufhört, sagt die Leitung ein Wort, das die Jugendlichen pantomimisch darstellen sollen, um dann dabei kurz in ihrer Haltung einzufrieren. Nach einer kurzen Wahrnehmungsphase geht es mit Musik und Umhergehen im Raum weiter.

Variante
Nach einigen Worten der Leitung können auch Gruppenmitglieder Begriffe sagen. Bevor die Musik wieder beginnt, wird bestimmt, wer als nächstes dran ist.

Anwendungsbeispiel
Mögliche Begriffe könnten sein: cool, fröhlich, Seerose, niedergeschlagen, Banane, begeistert, Baum, sympathisch, Schlaf

Getragen sein

Wer möchte, wird auf einer Decke in Richtung Himmel gehoben.

Kategorie: Erlebnispädagogik, Inklusiv/Basal
Thema: Gott, Taufe, Vertrauen

Zeitaufwand: 20 Minuten	**Gruppengröße:** 10–20	**Alter:** ab 12
Anspruch für die Leitung: 2	**Anspruch für die Gruppe:** 2	**Aufwand:** 1

Sozialform: Plenum

Material: große, stabile Decke

Beschreibung
Diese Übung ist am eindrucksvollsten, wenn man in der freien Natur ist.
Ein Gruppenmitglied legt sich mit an den Körper angelegten Armen auf eine Decke und schließt die Augen. Alle anderen fassen am Rand der Decke an und heben die Person so weit wie es geht sanft nach oben. Oben öffnet die Person die Augen und streckt die Arme dem Himmel entgegen. Dabei wird ihr ein Mut machendes Wort oder ein Segen zugesprochen. Wenn die Person die Arme wieder nach unten nimmt, wird sie vorsichtig wieder auf den Boden heruntergelassen.
Wichtig ist, dass genug kräftige und vertrauenswürdige Leute in der Gruppe sind.
Im Anschluss kann man sich über die gemachte Erfahrung austauschen. Wie ist das Gefühl, getragen zu sein? Wo kann man das im übertragenen Sinn erleben?

Anwendungsbeispiel
Beim Thema Taufe kann der zugesprochene Satz die Verheißung aus Jesaja 43,1 (Lu) sein: „Fürchte dich nicht, (Name), denn ich habe dich erlöst; ich habe dich bei deinem Namen gerufen; du bist mein!“

Impulskarten
siehe Kategorie Einstieg, S. 32

Inszeniertes Essen

Bei einem Essen gelten besondere Regeln.

Kategorie: Erlebnispädagogik, Inklusiv/Basal
Thema: Abendmahl, Gerechtigkeit
Zeitaufwand: 80 Minuten | **Gruppengröße:** 10–20 | **Alter:** ab 12
Anspruch für die Leitung: 2 | **Anspruch für die Gruppe:** 2 | **Aufwand:** 3
Sozialform: Plenum

Material: Handicaps (z. B. Schnüre), Augenbinden, Essen

Beschreibung
Schon die ersten Christen hat das Essen verbunden, nicht nur in der speziellen Form des Abendmahls. Ein inszeniertes Essen kann verschiedene Schwerpunkte und Regeln haben. Mögliche Regeln:

- Der rechte Nachbar / die rechte Nachbarin bedient. Niemand bedient sich selbst, der Nachbar / die Nachbarin fragt aufmerksam immer wieder nach, was noch gewünscht wird.
- Das Essen findet im Dunkeln statt (wenn es nicht ganz dunkel wird, mit Augenbinden).
- Vor dem Essen werden verschiedene Handicaps ausgemacht und wenn möglich auch angelegt: Man kann nur mit einer Hand essen. Man ist blind. Man kann nicht sprechen.
- Die Gruppe wird als Zweiklassengesellschaft in Dienende und Bediente aufgeteilt.

Anwendungsbeispiel
Ein inszeniertes Essen kann gut als Vorbereitung auf das Abendmahl veranstaltet werden. Bei der Form des Feierabendmahls startet man mit einer Abendmahlsfeier, die dann in ein fröhliches und besonderes Essen übergeht.

Landart
siehe Kategorie Outdoor/Unterwegs, S. 131

Lebendes Pendel

Eine Person pendelt im Stehen hin und her, aufgefangen von den Mitspielenden.

Kategorie: Inklusiv/Basal
Thema: Freundschaft, Gemeinde, Gruppe, Vertrauen
Zeitaufwand: 10 Minuten | **Gruppengröße:** 10–20, 20+ | **Alter:** ab 12
Anspruch für die Leitung: 1 | **Anspruch für die Gruppe:** 2 | **Aufwand:** 1
Sozialform: Gruppenarbeit

Material: keines

Beschreibung
Es werden Gruppen je drei Personen gebildet. Die Person in der Mitte legt die Arme an den Körper an und lässt sich ganz langsam abwechselnd nach hinten und vorn fallen. Die beiden anderen stehen so nah, dass sie die pendelnde Person an den Schultern vorsichtig wieder in die andere Richtung bewegen können. Schon so braucht dieses Spiel viel Vertrauen. Noch mehr braucht man, wenn man dabei die Augen schließt. Im Lauf der Übung kann die Fallweite langsam vergrößert werden.

Variante
Das Spiel funktioniert auch mit einem Kreis aus sechs bis acht Personen um das Pendel herum, das sich dann in alle Richtungen fallen lassen kann. Allerdings muss hier die Gruppe schon sehr vertraut und sorgsam im Umgang miteinander sein.

Anwendungsbeispiel
Eine wichtige Grundaussage des Glaubens ist, dass Gott mich hält. Diese kann durch die Übung veranschaulicht werden. Ebenso ist es übertragbar auf die Wichtigkeit von Gemeinschaft und Freundschaft: Keiner/keine steht im Leben so stabil da, dass er/sie nicht immer wieder Stütze und Impulse von außen braucht.

Lernstraße

An verschiedenen Stationen wird ein Aspekt des Themas selbständig erarbeitet.

Kategorie: Inklusiv/Basal
Thema: Gebote, Taufe
Zeitaufwand: 80 Minuten | **Gruppengröße:** 10–20, 20+ | **Alter:** ab 12
Anspruch für die Leitung: 1 | **Anspruch für die Gruppe:** 2 | **Aufwand:** 3
Sozialform: Einzelarbeit, Partnerarbeit, Gruppenarbeit, Plenum

Material: Laufkarten zu den Stationen, Material für die einzelnen Stationen, Tische

Beschreibung

Eine Lernstraße besteht aus mehreren Stationen, an denen die Jugendlichen selbständig etwas ausprobieren oder erarbeiten.
Durchlaufen wird eine Lernstraße allein oder in kleineren Gruppen von höchstens fünf Personen. Es gibt Lernstraßen, bei denen die Stationen aufeinander aufbauen, in der Praxis leichter zu handhaben sind Lernstationen, bei denen man überall einsteigen und dort weitermachen kann, wo gerade nichts los ist. Eine Station benötigt üblicherweise 5–10 Minuten Zeit.
Bei der Einführung wird erklärt, wo die einzelnen Stationen zu finden sind. Im Anschluss trifft sich die Gruppe, um die Ergebnisse einzelner Stationen zu besprechen und offene Fragen zu klären.

Anwendungsbeispiel

Eine Lernstraße kann man z. B. zu den Zehn Geboten, zum Thema Taufe, Nächstenliebe oder zum Thema Behinderungen machen (Beispiel: Schweiker, Wolfhard: Mit Handicaps begabt, in: Anknüpfen – Praxisideen, 2013, S. 866–871).

Rakete

siehe Kategorie Gruppendynamik, S. 150

Stille

Stille ist ein ungewöhnliches Erlebnis, das Einübung braucht.

Kategorie: Inklusiv/Basal, Spiritualität
Thema: Rituale
Zeitaufwand: 5 Minuten | **Gruppengröße:** bis 10, 10–20 | **Alter:** ab 6
Anspruch für die Leitung: 3 | **Anspruch für die Gruppe:** 2 | **Aufwand:** 1
Sozialform: Plenum

Material: ruhige Musik, Abspielgerät, Perlen, Schale mit Wasser, verschiedene Gegenstände, Klangschale

Beschreibung
Stille gehört zum Glauben, denn nur wer gelernt hat, die äußeren Geräusche auszublenden, wird Gottes Stimme und die Stimme des Gewissens hören. Deshalb muss Stille in unserer lauten Zeit immer wieder eingeübt werden.
Damit eine Zeit der Stille gelingt, braucht es eine gute Einführung und die passenden Rahmenbedingungen. Die Dauer der Stille sollte nicht zu lang sein. Es kann helfen, ein Symbol oder Bibelvers in die Zeit der Stille mitzugeben.
Wenn sich alle im Kreis nach außen drehen und die Augen schließen, ist die Stille weniger störanfällig.

Anwendungsbeispiel
Zum Einüben können diese Formen sinnvoll sein:

- Es wird sanfte Meditationsmusik eingespielt, die ganz langsam ausgeblendet wird.
- Wassertropfenmeditation: Jeder/jede bekommt Perlen in eine Hand und schließt die Augen. Die Leitungsperson lässt Wassertropfen in eine Schale mit Wasser tropfen. Immer wenn man einen Tropfen gehört hat, wandert eine Perle in die andere Hand.
- Verschiedene Gegenstände zum Fühlen werden bei geschlossenen Augen im Kreis herumgegeben.
- Auf einer Klangschale wird ein Ton angeschlagen. Jeder/jede ist so lange still, bis der Ton ganz verklungen ist.

KATEGORIE:
MUSIK

Body Percussion

Body Percussion setzt den menschlichen Körper als Rhythmusinstrument ein.

Kategorie: Musik
Thema: Alle Themen
Zeitaufwand: 15 Minuten | **Gruppengröße:** 10–20, 20+ | **Alter:** ab 12
Anspruch für die Leitung: 3 | **Anspruch für die Gruppe:** 2 | **Aufwand:** 1
Sozialform: Plenum

Material: keines

Beschreibung

Rhythmus macht fast allen Spaß. Dafür braucht man nicht unbedingt Trommeln. Body Percussion ist eine echte Kunst, aber das Schöne ist: Der Anfang ist nicht schwer.
Das Prinzip ist einfach: Die Klänge des Schlagzeugs werden durch passende Körperklänge ersetzt. Für den Einstieg eignet sich ein Viervierteltakt.

- Bass Drum (fast immer Schlag eins, oft auch drei): Ein Schlag mit der Hand auf die Brust oder ein Stampfen mit dem Fuß.
- Snare (Offbeat, fast immer Schlag zwei und vier): Klatschen mit beiden Händen.
- Hi-Hat (durchlaufender Achtelrhythmus): Fingerschnippen oder ein Reiben beider Hände.
- Zusätzliche Effekte, die die Farbigkeit des Klangs erhöhen: Zungenschnalzen, Klatschen mit der Rückhand, Klopfen auf den Kopf, Klatschen auf Arme und Schenkel

(nach: www.musik-fromm.de/begleitpattern-mit-bodypercussion, letzter Zugriff am 28.11.2017)

Variante

Zum Lernen ist es leichter, den Rhythmus auf Teilgruppen zu verteilen.
Wenn man „Body Percussion" nicht zu wörtlich nimmt, kann man auch Stühle und Tische einsetzen.

Anwendungsbeispiel

Lieder werden bei einer Aufführung nicht einfach von allen gesungen, sondern es gibt eine Rhythmusgruppe, die den Gesang begleitet.

Boomwhackers®

Mit gestimmten Klangröhren musizieren.

Kategorie: Musik
Thema: Alle Themen
Zeitaufwand: 30 Minuten | **Gruppengröße:** 10–20, 20+ | **Alter:** ab 6
Anspruch für die Leitung: 3 | **Anspruch für die Gruppe:** 2 | **Aufwand:** 2
Sozialform: Plenum

Material: Boomwhackers®, weitere Rhythmusinstrumente, Akkordkarten (siehe Downloads zum Buch)

Beschreibung
Boomwhackers® sind nichts anderes als farbige Plastikröhren, die auf bestimmte Töne gestimmt sind. Wenn man eine Kappe aufsetzt, erklingt der Ton eine Oktave tiefer. Man kann sie fertig erwerben oder mit Abflussrohren aus dem Baumarkt selbst bauen. Zum Einstieg wählt man eine pentatonische Tonleiter aus (z. B. C, D, E, G, A in allen Tonlagen). Die Röhren kann man an den verschiedensten Orten anschlagen: zwei Röhren gegeneinander, auf dem Knie, auf einer Stuhllehne, auf dem Boden.
Reihum macht jeder/jede einen einfachen Rhythmus vor, den die anderen nachspielen. Dann kann man einfache Lieder begleiten Es ist wichtig, dass bei einem Akkord der Grundton der tiefste Ton ist. Für kompliziertere Lieder sind die Akkordkarten hilfreich, die einer/eine aus der Gruppe im richtigen Moment hochhält.

Anwendungsbeispiel
Ein einfaches Lied für den Anfang ist z. B. „Vom Aufgang der Sonne" in C-Dur mit den C-, E- und G-Röhren.
Beispiel: Haeske, Carsten: Bunte Röhren, heiße Rhythmen. Gruppen-Musizieren mit Boomwhackers®. In: KU-Praxis 58, Gütersloher Verlagshaus, Gütersloh 2013, S. 47–51.

Karaoke

Wettstreit der Sänger und Sängerinnen.

Kategorie: Musik, Spiel
Thema: Gruppe
Zeitaufwand: 45 Minuten | **Gruppengröße:** bis 10, 10–20 | **Alter:** ab 12
Anspruch für die Leitung: 1 | **Anspruch für die Gruppe:** 3 | **Aufwand:** 2
Sozialform: Einzelarbeit, Plenum

Material: Laptop (Internetanschluss), Beamer mit Leinwand (oder Bildschirm), zwei Mikrofone, eine Musikanlage mit drei Kanälen oder Liederbücher und Gitarre (Spieler/Spielerin)

Beschreibung
Beim Karaoke geht es darum, bekannten Liedern die eigene Stimme zu geben und sich dabei miteinander zu messen. Dafür einigen sich die beiden Sänger/Sängerinnen auf ein Lied, welches sie singen wollen. YouTube bietet zu fast jedem bekannteren Lied eine extra Karaokeversion. Die Sänger/Sängerinnen bekommen je ein Mikrofon und singen miteinander, aber gleichzeitig gegeneinander, das Lied.
Die Gruppe als Jury kürt den besseren Sänger / die bessere Sängerin zum Sieger / zur Siegerin. Dies lässt sich hervorragend in Turnierform ausführen, wobei jeweils der Sieger / die Siegerin einer Runde in das nächste Gesangsduell einzieht. So stehen am Ende zwei Teilnehmende im Finale.

Variante
Bei „Karaoke unplugged" singen die Sänger/Sängerinnen zur Gitarrenbegleitung. Der Rest läuft wie beschrieben ab.
Es wird nacheinander gesungen, was jedoch den Vergleich erschwert.

Anwendungsbeispiel
Für jede Gelegenheit anwendbar.

Pilgerschritt

siehe Kategorie Spiritualität, S. 111

Popsong bearbeiten

Ein Popsong bringt lebensweltliche Farbe in ein Thema
und lädt zur Auseinandersetzung ein.

Kategorie: Musik
Thema: Alle Themen
Zeitaufwand: 60 Minuten | **Gruppengröße:** bis 10, 10–20, 20+ | **Alter:** ab 12
Anspruch für die Leitung: 2 | **Anspruch für die Gruppe:** 2 | **Aufwand:** 1
Sozialform: Plenum

Material: Popsong, Abspielgerät, Textblatt

Beschreibung

Viele Lieder beschäftigen sich heute mit Sinn- und Gegenwartsfragen. Diese Methode wird besonders spannend, wenn man populäre Lieder aufgreift.
Zum Einstieg wird der Popsong vorgespielt. In einer ersten Rückmeldungsrunde geht es nur darum, wie der Song wirkt, welche Gefühle er transportiert.
Er wird ein zweites Mal gehört. Jeder/jede bekommt den Auftrag, sich eine Textzeile zu merken, von der man sich besonders angesprochen fühlt. Auf einem Plakat werden anschließend diese Textfragmente gesammelt.
Nun wird der Text des Songs ausgeteilt (findet man oft im Internet). Jeder/jede formuliert zunächst für sich Fragen an den Songtexter / die Songtexterin, die anschließend gemeinsam besprochen werden. Aus diesen Fragen kann dann ein fiktiver Dialog mit dem Texter / der Texterin entstehen.

Variante

Man kann auch versuchen, ein passendes christliches Lied zu finden, das als Kommentar oder Kontrast dient und gemeinsam eingeübt wird.

Anwendungsbeispiel

Der Song von Sido „Zu Hause ist die Welt noch in Ordnung" spielt auf das finstere Tal von Psalm 23 an. Der Song „Astronaut" von Sido und Andreas Bourani stellt die Frage, was es bedeutet abzuheben, die Welt mit Abstand zu betrachten.
Andachtsideen zu Songs außerdem in: Flohrer, Katja / Diez, Nicole: Lautstark. Band 2, buch+musik, Stuttgart ^{4}2017.

Rap

Ein Text wird passend zu einem Rap-Rhythmus formuliert und eingeübt.

Kategorie: Auswendiglernen, Musik, Text
Thema: Alle Themen
Zeitaufwand: 60 Minuten | **Gruppengröße:** bis 10, 10–20 | **Alter:** ab 12
Anspruch für die Leitung: 2 | **Anspruch für die Gruppe:** 3 | **Aufwand:** 2
Sozialform: Partnerarbeit, Gruppenarbeit

Material: Abspielgerät, Rap-Beats, Schema (siehe Downloads zum Buch)

Beschreibung
Hip Hop und Rap stellen eine eigene Art von Musik dar, die bei vielen Jugendlichen sehr beliebt ist. Weil nicht jeder/jede singen, aber jeder/jede sprechen kann, ist der Zugang oft leichter.
Grundsätzlich gibt es zwei Möglichkeiten, die sich auch mischen lassen:
1. Man bringt einen vorgegebenen Text in Rap-Form.
2. Man formuliert einen eigenen Text.

Durch das Einsetzen von Refrains kann man leicht auch größere Gruppen einbeziehen und trotzdem große Textmengen wirkungsvoll inszenieren.
Wenn man einen Rap als Gruppe aufführt, hilft es, die Texte silbengenau in einem Schema zu notieren (siehe Downloads zum Buch).
Um in Stimmung zu kommen, empfiehlt es sich, einen gelungenen Rap einzuspielen oder mit rhythmischen Übungen zu beginnen.

Variante
Als Rhythmusgrundlage kann man auch die Methode Body Percussion (in Kategorie Musik, siehe S. 176) verwenden.

Anwendungsbeispiel
Alle Texte der Konfizeit, die auswendig gelernt werden sollen, können als Rap gestaltet werden. Schön ist eine Mischung aus Originaltext und Interpretation der Jugendlichen unter der Fragestellung: „Wie können wir das in heutiger Sprache ausdrücken?" Besonders eignen sich dafür das Glaubensbekenntnis und die Zehn Gebote.

Sängerwettstreit

Zwei Gruppen müssen abwechselnd
möglichst viele Lieder zu einem Stichwort vorsingen.

Kategorie: Musik, Spiel
Thema: Alle Themen
Zeitaufwand: 30 Minuten | **Gruppengröße:** 10–20, 20+ | **Alter:** ab 12
Anspruch für die Leitung: 1 | **Anspruch für die Gruppe:** 2 | **Aufwand:** 1
Sozialform: Plenum

Material: keines

Beschreibung
Man bildet zwei Gruppen. Ein Schiedsrichter / eine Schiedsrichterin überlegt sich ein Stichwort. Abwechselnd muss jede Gruppe ein Lied vorsingen, in dem dieses Stichwort vorkommt. Es reicht, wenn einer/eine aus der Gruppe das Lied kennt. Fällt der Gruppe nichts ein, wird 10 Sekunden oder auch mehr gewartet und ein Countdown gezählt. Wenn dann nichts kommt, bekommt die gegnerische Gruppe 1 Punkt, und ein neues Stichwort wird genannt, mit dem die Gewinnergruppe starten muss.

Anwendungsbeispiel
Durch die Auswahl der Stichwörter kann man den Wettbewerb mit einem Thema verbinden. Geeignet sind z. B. Begriffe wie Sonne, Gott, Liebe, Freund, Erde, Herz, Mund.

Songtext neu dichten

Ein thematisch passender Song wird verfremdet und umgedichtet.

Kategorie: Musik
Thema: Alle Themen
Zeitaufwand: 60 Minuten | **Gruppengröße:** bis 10, 10–20 | **Alter:** ab 12
Anspruch für die Leitung: 1 | **Anspruch für die Gruppe:** 2 | **Aufwand:** 2
Sozialform: Gruppenarbeit, Plenum

Material: ausgedruckter Songtext, Musik, Abspielgerät oder Instrumente

Beschreibung
Oft ist es viel einfacher, Lieder, die jeder im Ohr hat, umzudichten als ein neues Lied zu lernen. Viele Kirchenlieder aus dem Gesangbuch sind letztlich genau so entstanden. Heute ist es rechtlich nicht mehr erlaubt, nachgedichtete Lieder zu veröffentlichen. Aber für den Eigengebrauch kann einem das niemand verbieten. Am besten wählt man ein Lied, das allgemein bekannt ist und inhaltlich schon Anklänge an das Thema hat.
Bei größeren Gruppen bildet man Kleingruppen, die für ihre Strophe ein Thema zugeteilt bekommen.
Von vielen Popsongs kann man im Internet Playbacks erwerben, sodass man den Song sehr authentisch singen kann, wenn man keine Möglichkeit für eine eigene Begleitung hat.

Anwendungsbeispiel
Der UEFA-Euro-Song 2016 von David Guetta „This One's For You" wird umgedichtet zum Thema Gemeinschaft, Feiern, Abendmahl, Umgang miteinander.

Tanz

Ein einfacher Tanz für die ganze Gruppe.

Kategorie: Musik, Warm-up
Thema: Gruppe, Liebe
Zeitaufwand: 15 Minuten | **Gruppengröße:** 10–20, 20+ | **Alter:** ab 12
Anspruch für die Leitung: 3 | **Anspruch für die Gruppe:** 2 | **Aufwand:** 1
Sozialform: Plenum

Material: Musik im Viervierteltakt, Abspielgerät

Beschreibung
Ein Tanz bringt auf lockere Art Schwung in die Gruppe. Gut bewährt hat sich der „Törner"-Tanz. Er wird zunächst ohne Musik eingeübt. Alle stehen im Kreis. Man berührt mit der rechten Hand seine linke Schulter, dann mit der linken Hand die rechte Schulter. Es folgt mit der rechten Hand das linke Knie, dann wieder mit der linken das rechte. Entsprechend der linke Fußknöchel und der rechte. Dann wird zweimal geklatscht. Diese Reihenfolge wird mehrmals rhythmisch eingeübt.
Im nächsten Teil werden die Nachbarn/Nachbarinnen rechts und links einbezogen und man berührt zunächst die rechte Schulter des linken Nachbarn / der linken Nachbarin mit der rechten Hand usw. Wem das Berühren zu heikel ist, der kann auch einfach in diese Richtung deuten. Wenn die Bewegungen im Rhythmus gut klappen, wird rhythmusbetonte Musik im Viervierteltakt eingespielt.

Anwendungsbeispiel
Der Tanz eignet sich gut als Einstieg, wenn man über das Thema Liebe und was unser Körper damit zu tun hat, ins Gespräch kommen will.

Was singst du?

siehe Kategorie Quiz, S. 206

KATEGORIE: COMPUTER

Actionbound

Mithilfe der Handy-App Erlebnistouren durchführen.

Kategorie: Computer, Erlebnispädagogik, Outdoor/Unterwegs
Thema: Glaubensbekenntnis, Kirche
Zeitaufwand: 60 Minuten | **Gruppengröße:** 10–20, 20+ | **Alter:** ab 12
Anspruch für die Leitung: 2 | **Anspruch für die Gruppe:** 2 | **Aufwand:** 3
Sozialform: Partnerarbeit, Gruppenarbeit

Material: Handys oder Tablets

Beschreibung

Mithilfe der App „Actionbound" lassen sich spannende Rallyes organisieren. Mit wenig Aufwand lässt sich auf der Homepage ein sogenannter Bound erstellen. Dabei kann man GPS-Koordinaten und QR-Codes genauso verwenden wie Multimedia-Dateien, Quizfragen oder Umfragen.
Das Erstellen eines Bounds ist sehr einfach. Am besten benutzen mehrere Gruppen von zwei bis maximal vier Personen jeweils zusammen ein Handy. Alle benötigten Daten können – am besten per WLAN – vorher komplett heruntergeladen werden.
Die Bounds leben von den individuellen Aufgaben, die sich nur vor Ort lösen lassen.

Anwendungsbeispiel

Eine Kirchenentdeckertour als Bound: www.actionbound.com/bound/kirchenkurztour (letzter Zugriff am 28.11.2017).
Das Credo-Bound führt auf eine sehr persönliche Entdeckungsreise: www.actionbound.com/bound/credo (letzter Zugriff am 28.11.2017).

Auswendiglernen mit verschwindendem Text

siehe Kategorie Auswendiglernen, S. 210

Film drehen

Eine Filmidee umsetzen.

Kategorie: Computer, Theater
Thema: Alle Themen
Zeitaufwand: 240 Minuten | **Gruppengröße:** bis 10, 10–20 | **Alter:** ab 12
Anspruch für die Leitung: 3 | **Anspruch für die Gruppe:** 3 | **Aufwand:** 2
Sozialform: Gruppenarbeit, Plenum

Material: Computer, Videokameras, Beleuchtungsmittel, externe Mikrofone, anregende Requisiten, Plakate, Stifte

Beschreibung
Gemeinsam wird ein Thema festgelegt und der zeitliche Rahmen abgesteckt. Die Gruppe wird eingeteilt in Regie (zwei bis drei Personen), Schauspieler/Schauspielerinnen und Kameraleute. Während die Kameraleute sich mit der Technik vertraut machen, schreiben Regie und die Schauspieler/Schauspielerinnen ein knappes Drehbuch. Die Texte können ausformuliert oder spontan improvisiert werden.
Eine echte Herausforderung ist das Schneiden des Filmmaterials. Am besten übernimmt diese Aufgabe jemand, der schon Erfahrung hat. Eine ausgereifte Videoschnitt-Software erspart viel Frust (z. B. Windows Movie Maker, MAGIX Video Deluxe, unter Linux: Openshot).
Parallel kann der Rest der Gruppe eine Titelanimation und einen Abspann gestalten, passende rechtefreie Hintergrundmusik (z. B. www.freemusicarchive.org, letzter Zugriff am 28.11.2017) und Geräuschkulissen suchen (z. B. www.freesound.org, letzter Zugriff am 28.11.2017) und Filmplakate zum Aushängen gestalten.
Wenn der Film fertig ist, muss er natürlich auch anständig präsentiert werden. Zuerst intern, dann aber auch möglichst feierlich öffentlich mit extra geladenem Publikum oder im Rahmen einer anderen Veranstaltung. Und natürlich gehört er ins Internet, am einfachsten geht das immer noch über YouTube oder auch über die Homepage der Kirchengemeinde. Damit es später keinen juristischen Ärger gibt, sollte man unbedingt schriftlich das Einverständnis von den Eltern der Schauspieler/Schauspielerinnen einholen. Informationen hierzu auch in: Wilka, Wolfgang / Schmidt, Peter L.: Recht – gut informiert sein. Rechtsfragen in der christlichen Kinder- und Jugendarbeit, buch+musik, Stuttgart [2]2018.

➡

Anwendungsbeispiel

- Eine Geschichte zu einem Thema wird selbst erfunden.
- Die Leitung überlegt sich zehn Begriffe, die im Film eine Rolle spielen müssen.
- Die Leitung legt Gegenstände fest, die im Film vorkommen sollen.
- Eine biblische Geschichte wird gefilmt (oder bewusst in die Gegenwart übersetzt).
- Die Themen Freundschaft und Liebe sind in Filmen allgegenwärtig. Wie könnte ein Film mit „Message" dazu aussehen?
- Ein Bibeltext wird in kurze Abschnitte aufgeteilt und von verschiedenen Personen vor inhaltlich passenden Hintergründen vorgetragen, wenn Wasser vorkommt z. B. im Schwimmbad. So entsteht eine besondere Form der Schriftlesung für einen Gottesdienst.
- Zum Thema Diakonie entsteht ein Dokumentarfilm.

Fotostory

Geschichten in Szene setzen.

Kategorie: Computer, Kreativ, Theater
Thema: Freundschaft, Gerechtigkeit, Identität, Liebe, Sterben und Tod, Vertrauen
Zeitaufwand: 120 Minuten | **Gruppengröße:** bis 10, 10–20 | **Alter:** ab 12
Anspruch für die Leitung: 1 | **Anspruch für die Gruppe:** 2 | **Aufwand:** 3
Sozialform: Gruppenarbeit

Material: Digitalkamera oder Handy, Computer, Beamer, Drucker

Beschreibung
Ziel dieser Methode ist es, in einer Kleingruppe eine eigene Geschichte in Bildern umzusetzen. Hierfür wird pro Gruppe ein Handy oder eine Digitalkamera gebraucht. Die Methode fordert die Kreativität der Jugendlichen heraus und verschafft ihnen eine gute Möglichkeit, ihre Ergebnisse angemessen darzustellen.
Die Kleingruppe (drei bis zehn Jugendliche) einigt sich zunächst auf eine gemeinsame Geschichte.
Die Geschichte wird nun in einzelne Szenen übersetzt und in aussagekräftigen Bildern dargestellt (nicht zu viele Szenen).
Die Fotos werden nun sortiert und zu der Geschichte zusammengebaut. Dies kann direkt am Computer über PowerPoint oder durch Ausdrucken als Printversion (z. B. als Heft) erfolgen. Sprechblasen oder Bildunterschriften können den Blick fokussieren und den Handlungsstrang verdeutlichen.

Variante
Man kann auch eine Ausstellung z. B. im Gemeindehaus organisieren. Ein ausliegendes Buch für Reaktionen ist eine Möglichkeit der Interaktion zwischen den Besuchenden und den Künstlern/Künstlerinnen.

Anwendungsbeispiel
Gut eignen sich Geschichten, die von Liebe, Verrat und Freundschaft handeln.

Kollaborativ-Texten

Alle schreiben gleichzeitig in einem gemeinsamen Dokument.

Kategorie: Computer, Text
Thema: Alle Themen
Zeitaufwand: 60 Minuten | **Gruppengröße:** 10–20 | **Alter:** ab 12
Anspruch für die Leitung: 2 | **Anspruch für die Gruppe:** 2 | **Aufwand:** 3
Sozialform: Plenum

Material: mehrere Computer oder Tablets mit Internetverbindung

Beschreibung
Wenn man gleichzeitig an einem Text schreiben kann, ist dies eine Form echter Gleichberechtigung. Es entsteht in kürzester Zeit ein von allen mitverantworteter Text.
Technisch bewährt haben sich die Etherpads, die man auf verschiedenen Plattformen nutzen kann. Vorsicht: Etherpads sind öffentlich und das Löschen der Inhalte reicht nicht, um heikle Inhalte dauerhaft zu löschen.
Mehr private Einstellungsmöglichkeiten bietet ein Google-Online-Dokument (www.docs.google.com, letzter Zugriff am 28.11.2017). Nur der Administrator muss ein Google-Konto haben. Die anderen dürfen – wenn man es erlaubt – mitschreiben.
Kollaboratives Texten macht Spaß, wenn man nebenher miteinander reden kann. Man kann aber auch von verschiedenen Orten aus an einem Dokument arbeiten. Hilfreich ist es, schon eine bestimmte Struktur durch Überschriften und Impulsfragen vorzugeben.

Anwendungsbeispiel
Die Gruppe schreibt gemeinsam ein Theaterstück, ein Gebet, eine Predigt.

Mindmapping

siehe Kategorie Einstieg, S. 34

Minecraft/Minetest

Virtuell eine „Open World" bauen und erkunden.

Kategorie: Computer, Kreativ, Spiel
Thema: Bibel, Gebet, Gemeinde
Zeitaufwand: 90 Minuten | **Gruppengröße:** bis 10, 10–20 | **Alter:** ab 12
Anspruch für die Leitung: 3 | **Anspruch für die Gruppe:** 2 | **Aufwand:** 3
Sozialform: Gruppenarbeit, Plenum

Material: vernetzte Computer (am besten Laptops), Beamer, vorbereitete Welt (siehe Anwendungsbeispiel)

Beschreibung

Immer mehr wird Minecraft auch für die Bildungsarbeit entdeckt. Um Kosten zu sparen, kann man auch mit der Open-Source-Variante Minetest arbeiten.
Grundsätzlich gilt: Man kann mit einer zufallsgenerierten Welt beginnen oder man erstellt im Vorfeld eine Erlebniswelt. Sehr hilfreich ist die Möglichkeit, Textfelder in die Welten einzubauen.
In welchem Modus spielt man: Während man im Kreativmodus alle Materialien frei zur Verfügung hat und sich nicht gegenseitig verletzen und töten kann, kommt im Überlebensmodus ein kämpferisches Moment hinein. Beides hat seinen Reiz, der Spielmodus muss aber zur Aufgabenstellung passen.
Wichtig ist auch, im Vorfeld zu klären, was hinterher mit der erstellten Welt geschieht.

Anwendungsbeispiel

- die eigene Kirche und das Gemeindehaus nachbauen
- mein Lebensweg mit Höhen und Tiefen
- Psalm 23 oder eine biblische Geschichte in 3-D-Bilder umsetzen
- Eine Erlebniswelt zu biblischen Bildern von Gemeinde:
  Unter www.thomas-ebinger.de/2016/01/minecraft-minetest-im-konfi (letzter Zugriff am 28.11.2017) kann man eine vorbereitete Welt herunterladen, in der drei Gruppen die Aufgabe haben, jeweils ein biblisches Bild von Gemeinde kreativ zu gestalten.

Social Media Wall

Mithilfe von Hashtags in Twitter, Facebook oder Instagram entsteht ein Gesprächsfaden, den man projiziert.

Kategorie: Computer, Gespräch
Thema: Alle Themen
Zeitaufwand: 60 Minuten | **Gruppengröße:** 20+ | **Alter:** ab 12
Anspruch für die Leitung: 3 | **Anspruch für die Gruppe:** 2 | **Aufwand:** 3
Sozialform: Plenum

Material: Laptop, Beamer, Internetzugang

Beschreibung

Eine Social Media Wall entsteht, indem alle Nachrichten eines bestimmten Dienstes, die ein bestimmtes #Hashtag enthalten, per Videoprojektion sichtbar gemacht werden. Dadurch können sich Teilnehmende bei einer größeren Veranstaltung beteiligen.
Das Hashtag sollte so gewählt sein, dass es nicht zufällig von Unbeteiligten verwendet wird, aber trotzdem kurz genug ist, dass man es schnell eintippen kann.

Wie lässt sich eine Social Media Wall einsetzen:
- für eine Online-Diskussion (auch mit abwesenden Personen)
- für eine Podiumsdiskussion
- für ein größeres Event zur Veröffentlichung der Ergebnisse einer Gruppenarbeit

Zum Einstieg eignen sich folgende Tools:
- Twitter: www.hootsuite.com, www.tweetwally.com (letzte Zugriffe am 28.11.2017)
- Facebook: Hier zeigt man am besten die Inhalte auf einer extra eingerichteten Facebook-Seite.
- Instagram: www.hootsuite.com (letzter Zugriff am 28.11.2017)

Variante

Hashtags können auch zur Kommunikation bei Geländespielen genutzt werden.

Anwendungsbeispiel

Eine Bibelarbeit lässt sich in einer Großgruppe per Social Media Wall durchführen. Die Teilnehmenden können ihre Auslegung und Reaktionen gleichzeitig beitragen und auf andere reagieren.

Stop-Motion-Video

Aus Einzelbildern wird ein animierter Kurzfilm zusammengestellt.

Kategorie: Computer, Kreativ
Thema: Bibel, Liebe
Zeitaufwand: 270 Minuten | **Gruppengröße:** bis 10, 10–20 | **Alter:** ab 12
Anspruch für die Leitung: 3 | **Anspruch für die Gruppe:** 3 | **Aufwand:** 3
Sozialform: Gruppenarbeit, Plenum

Material: Digitalkamera, Stativ, Zeitschriften, Spielfiguren, Stoffe, Scheren, Klebstoff, buntes Papier, Büroklammern, Knetmasse, LEGO®, Computer/Notebook, Software: Windows Movie Maker oder GIMP, Beleuchtung

Beschreibung

Alle überlegen, wie ein Film zum Thema aussehen kann. Das Drehbuch wird stichwortartig formuliert.

- Team 1 erstellt die Figuren aus Zeitschriften oder Knete. Beim „Dreh" verändert es die Figuren. Für jedes Foto werden sie und/oder die Gegenstände ein bisschen verschoben. Danach wird ein Foto gemacht. Je mehr Bilder pro Sekunde, desto flüssiger wirkt die Animation.
- Team 2 erstellt das Bühnenbild, den Filmtitel und eine Abspannseite mit allen Namen der Mitwirkenden.
- Team 3 kümmert sich um den Aufbau der Technik und das Fotografieren. Die Kamera wird auf ein Stativ montiert.

Wichtig:

- Das Bild braucht einen festen Untergrund (z. B. Tisch).
- Die Kamera manuell scharf stellen.
- Niedrige Bildauflösung wählen.
- Vor dem „Dreh" sollten alle einzelnen Elemente fertig sein (Figuren usw.).
- Einige Probeaufnahmen machen und auf dem Computer anschauen.

Variante

Auch mit Handys/Tablets (Apps) kann man Stop-Motion-Videos erstellen.

Anwendungsbeispiel

Es passen Themen aus der Lebenswelt der Jugendlichen (z. B. Freundschaft, Liebe), aber auch biblische Geschichten.

Wortwolken/Bibelclouds

Wortwolken zeigen die Häufigkeit von Wörtern in einem Text an.
Bibelclouds zeigen übersichtlich, worum es in einem biblischen Buch geht.

Kategorie: Computer, Text
Thema: Bibel
Zeitaufwand: 60 Minuten | **Gruppengröße:** bis 10, 10–20 | **Alter:** ab 12
Anspruch für die Leitung: 3 | **Anspruch für die Gruppe:** 3 | **Aufwand:** 2
Sozialform: Partnerarbeit, Gruppenarbeit, Plenum

Material: Bibelclouds als Plakat, Computer, Beamer, Plakate, Stifte, Papier, Kleber

Beschreibung
Das Prinzip der Wortwolken stammt aus dem Internet: Je häufiger ein Wort vorkommt, desto größer wird es dargestellt.
Vorgefertigte Wortwolken erlauben einen Überblick über große Textmengen. Mithilfe von Onlinetools wie www.wordle.net oder www.tagxedo.com (letzte Zugriffe am 28.11.2017) lassen sich in kleineren Gruppen eigene Wortwolken erstellen. Für die Offline-Nutzung empfiehlt sich das Freeware-Programm Wordaizer.

Anwendungsbeispiel
Ideal ist es, wenn man einen mit dem Internet verbundenen Laptop und Beamer zur Verfügung hat. Die 66 Bibelclouds zu allen biblischen Büchern werden vorher im Raum so ausgelegt, dass man sie gut betrachten kann.

1. Vorführung, wie man eine Wordcloud erstellt bzw. wie man sie liest. Dafür eignet sich gut ein aktueller Songtext.
2. Auswahl einer Lieblingsbibelcloud in Gruppen von drei bis vier Personen.
3. Kurzvorstellung der Bibelcloud. Eine/einer aus jeder Gruppe stellt die Lieblingscloud der Gruppe vor, indem er/sie fünf markante Worte vorliest und die Cloud zeigt. Impulse: „Was hat euch an dieser Cloud besonders gefallen? Welches Buch der Bibel könnte das sein?"
4. Gruppenarbeit (45 Minuten). Impuls: „Ihr habt jetzt die Aufgabe, den anderen euer biblisches Buch schmackhaft zu machen und es so vorzustellen, dass sie Lust bekommen, darin zu lesen. Gestaltet dafür ein einladendes Werbeplakat." Danach: Präsentation und Abstimmung über die gelungenste Bibelbuch-Lese-Werbung

(nach: www.bibelclouds.de/methode, letzter Zugriff am 28.11.2017; www.thomas-ebinger.de/wp-content/uploads/Bibelclouds_mit_Konfis_Thomas_Ebinger.pdf, letzter Zugriff am 28.11.2017)
Eine Gruppe kann auch ihre Namen, Interessen und Hobbys mithilfe einer Wortwolke darstellen und sich so im Internet oder bei einer Gruppenvorstellung präsentieren.

KATEGORIE:
THEATER

Antworten geben

Jugendliche formulieren fiktive Fragen zu einer Geschichte, die von anderen beantwortet werden.

Kategorie: Text, Theater
Thema: Bibel
Zeitaufwand: 30 Minuten | **Gruppengröße:** 10–20 | **Alter:** ab 12
Anspruch für die Leitung: 1 | **Anspruch für die Gruppe:** 2 | **Aufwand:** 1
Sozialform: Plenum

Material: farbige Blätter, Stifte, Stuhl

Beschreibung
Eine Geschichte wird vorgelesen oder erzählt. Jeder/jede hat die Möglichkeit, an eine der vorkommenden Personen eine Frage zu stellen. Diese wird auf ein Blatt geschrieben. Die Blätter werden gemischt und wieder ausgeteilt. Jeder/jede versucht, die Frage auf seinem/ihrem Blatt aus der Sicht des/der Befragten zu beantworten. Anschließend werden die Fragen und Antworten mithilfe der Methode Heißer Stuhl (in Kategorie Gespräch, siehe S. 60) vorgestellt.

Anwendungsbeispiel
Gut geeignet sind diese biblischen Texte: Die Taufe Jesu (Mk 1,9-13), Der reiche Jüngling (Mk 10,17-27), Der Kämmerer aus Äthiopien (Apg 8,26-40).

Dilemma?! Und jetzt?

Positionierung und Identifikation helfen den Jugendlichen bei Meinungsfindungs- und Entscheidungsprozessen.

Kategorie: Text, Theater
Thema: Alle Themen
Zeitaufwand: 30 Minuten | **Gruppengröße:** bis 10, 10–20, 20+ | **Alter:** ab 12
Anspruch für die Leitung: 2 | **Anspruch für die Gruppe:** 2 | **Aufwand:** 1
Sozialform: Plenum

Material: 3 Stühle, je 1 roter und 1 grüner Zettel, diverse „Dilemmasituationen" und Zusatzinformationen

Beschreibung
Diese Methode eignet sich dazu, spielerisch die eigene Meinung zu schärfen und sich zu positionieren.
Zuerst wird der zu bearbeitende Fall vorgestellt. Hier eignen sich z. B. Dilemmageschichten (z. B. das Heinz-Dilemma). Es werden drei Stühle in der Mitte des Raumes in T-Form positioniert (ein Stuhl steht vorne, die anderen beiden werden rechts und links hinter diesen gestellt und jeweils mit einem roten und einem grünen Zettel „belegt"). Ein Jugendlicher / eine Jugendliche nimmt auf dem vordersten Stuhl Platz. Wichtig ist, dass er/sie noch keine festgelegte Meinung gefunden hat. Seine/ihre Aufgabe ist es nun, sich von den anderen „inspirieren" zu lassen, dabei schweigt er/sie und hört zu. Die Gruppe ist nun dazu aufgerufen, die Rolle des „Engelchens" (grüner Stuhl) oder des „Teufelchens" (roter Stuhl) einzunehmen. Dazu dürfen Einzelne nach vorne kommen, sich auf den jeweiligen Stuhl, der ihrer Position entspricht, setzen und der Person, die vorne sitzt, ihre Gedanken und Lösungen sagen. Zur besseren Identifikation geschieht das in der Ich-Form. („Ich würde das Geld nehmen und abhauen. Sieht doch niemand.") Dies geschieht so lange, bis alle Argumente ausgeschöpft sind. Danach wird der/die Jugendliche auf dem vorderen Stuhl befragt, ob er/sie zu einer Lösung gekommen ist und welche Argumente ihn/sie besonders bei der Meinungsfindung unterstützt haben. Danach kann eine thematische Vertiefung erfolgen.

Anwendungsbeispiel
Eine mögliche biblische Figur, deren Dilemmasituation den Jugendlichen wahrscheinlich weniger bekannt ist, könnte Rahab sein. Nach einer kurzen thematischen Hinführung spielt man die Situation Rahabs (vgl. dazu Josua 2) mit dieser Methode durch. Mögliche Impulse: „Es ist Nacht in Jericho und Rahab ist verzweifelt. Sie weiß keinen Ausweg. Was soll sie jetzt tun? Soll sie den Israeliten / den Feinden helfen oder mit ihrem Volk untergehen?"

Doppeln

Methode zur Versprachlichung von Emotionen
sowie der Identifikation mit Personen und Situationen.

Kategorie: Theater
Thema: Alle Themen
Zeitaufwand: 30 Minuten | **Gruppengröße:** bis 10, 10–20 | **Alter:** ab 12
Anspruch für die Leitung: 2 | **Anspruch für die Gruppe:** 2 | **Aufwand:** 1
Sozialform: Partnerarbeit, Gruppenarbeit, Plenum

Material: Stühle

Beschreibung

Die Jugendlichen hören z. B. eine Geschichte, die es erfordert, dass sie sich mit einem/einer der Protagonisten/Protagonistinnen identifizieren und seine/ihre Gefühle in Ich-Botschaften formulieren. Dabei sitzen die Jugendlichen im Kreis (z. B. „Ich finde es schrecklich, wie mich XY behandelt. Das macht mich so hilflos und klein."). Der Doppler (diese Person sollte vorab eine Einführung (Seminar usw.) erhalten haben) hat nun die Aufgabe, das Gehörte zusammenzufassen, dies tut er in der 3. Person Singular (z. B.: „Er/sie sagt, es fühlt sich überhaupt nicht gut an, wie XY mit ihm/ihr umgeht und das macht ihn/sie machtlos."). Der „Doppler" steht seitlich neben der Person, die die Gefühle artikuliert hat. Danach wird die zitierte Person gefragt, ob sie der Zusammenfassung so zustimmen kann. Wenn nicht, darf sie ergänzen und es wird neu artikuliert. Auch darf der Doppler, sollte eine Aussage unklar sein, vertiefender nachfragen. Die Ergebnisse werden zusammengetragen und reflektiert.

Anwendungsbeispiel

Ein biblischer Text, der sich für diese Methode eignet, ist Matthäus 20,1–16 (Die Arbeiter im Weinberg). Zuerst lesen die Jugendlichen die biblische Geschichte und erarbeiten sich Details (z. B. den Münzwert eines Denars, Jahreseinkommen eines Arbeiters zur Zeit Jesu usw.). Danach setzen sich die Jugendlichen in zwei Stuhlreihen gegenüber. Jeweils zwei Jugendliche erhalten einen „Identifikationsauftrag" (z. B. Hausherr, Verwalter, Arbeiter (morgens), Arbeiter (nach 3 Stunden), Arbeiter (nach 6 Stunden) usw. Danach dürfen sich die Jugendlichen in ihrer Rolle befindend zu Fragen des Moderators / der Moderatorin äußern und mit den anderen Rollen austauschen. Der Doppler fasst das Gesagte jeweils zusammen. Am Ende werden die Reaktionen und Aussagen reflektiert.

Film drehen

siehe Kategorie Computer, S. 185

Fotostory

siehe Kategorie Computer, S. 187

Freeze and go! Kurzfilme mit Methode

Die Jugendlichen identifizieren sich durch das Nachspielen einer bestimmten filmischen Situation mit den Charakteren und stellen mögliche Ausgänge der Szene nach.

Kategorie: Kreativ, Theater
Thema: Alle Themen
Zeitaufwand: 40 Minuten | **Gruppengröße:** bis 10, 10–20, 20+ | **Alter:** ab 12
Anspruch für die Leitung: 1 | **Anspruch für die Gruppe:** 2 | **Aufwand:** 2
Sozialform: Partnerarbeit, Gruppenarbeit, Plenum

Material: Film, Bilder der Charaktere, Beamer, Leinwand, Lautsprecher, Filmutensilien (z. B. Seil, Helm usw.), Stifte und Plakate

Beschreibung
Bevor der Film gezeigt wird, erarbeiten die Jugendlichen in Gruppen die Ausgangssituation des Filmes sowie eine Rollencharakterisierung der Personen. Die Ergebnisse werden vorgestellt. Dann wird der Film gezeigt und an einer prägnanten Stelle abgebrochen. Die Leitung stellt eine Frage (z. B. „XY fragt sich, was er/sie jetzt machen soll?"). Die Jugendlichen haben die Aufgabe, nach vorne zu kommen, sich in die Rolle des Charakters (Ich-Form) hineinzuversetzen und die Situation weiterzuspinnen. Wenn jemand anderes eine andere Fortsetzungsidee hat, klatscht er in die Hände (erst nach ca. 1 Minute möglich). Damit „frieren" die vorne stehenden Jugendlichen mitten in ihrer Aktion ein. Dann darf der neue Ideengeber / die neue Ideengeberin einen Jugendlichen / eine Jugendliche antippen, den/die er/sie ersetzen möchte, nimmt seine/ihre Haltung ein und setzt die Szene mit seiner/ihrer neuen inhaltlichen Wendung fort. Wenn alle Ideen ausgeschöpft sind, findet eine kurze Bewertung der gesehenen Szenen statt. Danach wird der Film weiter angesehen. Es empfiehlt sich, den Kurzfilm nicht mehr als zweimal zu stoppen. Am Ende findet eine Auswertung des Gesehenen statt (nach: http://blogs.rpi-virtuell.de/themenwochen-online-lernen/2009/02/15/filme-im-unterricht-das-empfehlen-medienp-dagogen, letzter Zugriff am 28.11.2017).

➡

Anwendungsbeispiel

Kurzfilm „Am seidenen Faden" (YouTube): Es geht um einen Bergsteiger, der beim Klettern im Gebirge abstürzt. Er schreit um Hilfe. Plötzlich ertönt Gottes Stimme, die ihm mehrfach rät, sein Seil abzuschneiden und ihm zu vertrauen. Der Bergsteiger weigert sich und erfriert. Als es Tag wird, findet ihn die Bergwacht und stellt erstaunt fest, dass er nur einen halben Meter über dem Boden hing. Er hätte sein Seil problemlos durchschneiden können.

Erarbeitung:

- Kurze thematische Einführung in Gruppen. Anschließend wird der Film gezeigt.
- Erste Pause nach 6:54 Minuten: Der Bergsteiger schreit nach Gott und dieser antwortet. Frage der Leitung: „Wie geht dieses Gespräch wohl weiter?"
- Zweite Pause nach 8:57 Minuten: Gott sagt zum Bergsteiger, er solle sein Seil durchschneiden. Nachspielen der möglichen Antworten.
- Film wird zu Ende geschaut. Danach erfolgt eine Diskussion.

Gefühl zeigen

siehe Kategorie Inklusiv/Basal, S. 169

Rollenspiel

Aus vorgegebenen Rollen, die meist eine Konfliktsituation beschreiben, wird eine Theaterszene entwickelt.

Kategorie: Theater
Thema: Freundschaft, Gebote

Zeitaufwand: 40 Minuten	**Gruppengröße:** bis 10, 10–20	**Alter:** ab 12
Anspruch für die Leitung: 2	**Anspruch für die Gruppe:** 2	**Aufwand:** 2

Sozialform: Gruppenarbeit

Material: Rollenbeschreibungen, Requisiten

Beschreibung

Zu einem bestimmten Thema werden Rollenbeschreibungen entwickelt, in denen durch einen Konflikt oder ein Dilemma Handlungsalternativen angelegt sind. Die Teilnehmenden bekommen die Rollen zugeteilt oder dürfen sie auswählen. Dann erarbeiten sie eine Theaterszene, in der die Rollen möglichst authentisch gespielt werden. Die ganze Gruppe kann sich anschließend Gedanken machen, wie realistisch und gelungen sie diese Umsetzung der Rollen findet und alternative Möglichkeiten vorschlagen, mit dem Konflikt umzugehen.

Variante

Verschiedene Gruppen schreiben Rollenbeschreibungen zu einem bestimmten Thema, die anschließend ausgetauscht werden.

Anwendungsbeispiel

Ein inklusives Rollenspiel von Martin Lübking zum Streit um das Abendmahl in Korinth gibt es unter www.thomas-ebinger.de/wp-content/uploads/Rollenspiel-Abendmahl-in-Korinth-inklusiv.pdf, letzter Zugriff am 28.11.2017.

Standbilder bauen

Ein Erbauer bringt ein Thema bildlich mithilfe des Körperausdrucks der anderen Gruppenmitglieder zum Ausdruck.

Kategorie: Theater
Thema: Alle Themen
Zeitaufwand: 20 Minuten | **Gruppengröße:** bis 10, 10–20 | **Alter:** ab 12
Anspruch für die Leitung: 2 | **Anspruch für die Gruppe:** 2 | **Aufwand:** 1
Sozialform: Gruppenarbeit, Plenum

Material: Digitalkamera

Beschreibung
Man bildet Gruppen, die in getrennten Räumen verschiedene Aufgabenstellungen bearbeiten. Einer/eine übernimmt die Rolle des Erbauers, die anderen lassen sich wie weiches Wachs durch die Hände des Erbauers formen, der dabei nur durch Gesten und Gesichtsausdrücke zeigen kann, wie er sich sein Kunstwerk vorstellt. Formbar ist nicht nur die Körperhaltung, sondern auch Gesichtsausdrücke und Blickrichtungen. Vorhandene Gegenstände dürfen einbezogen werden, spezielle Requisiten sind nicht notwendig.
Anschließend werden die Standbilder allen präsentiert. Die Szene wird für 20 bis 30 Sekunden eingefroren (möglichst fotografieren), damit sich die anderen gut in das Standbild hineindenken können. Die Besprechung erfolgt immer in der Reihenfolge: 1. Zuschauende, 2. Mitwirkende, 3. Erbauer.
Impulse der Leitung: Was seht ihr? Was drückt diese besondere Haltung aus?
Danach ist es spannend zu sehen, wie sich dem Kunstwerk durch kleine Änderungen, die von den Zuschauenden durchgeführt werden, eine andere Bedeutung geben lässt.

Anwendungsbeispiel
Das letzte Abendmahl kann gut in Szenen aufgeteilt und als Standbild dargestellt werden. Auch eine Auswahl der Gebote lässt sich gut mit Standbildern bearbeiten.

(Vor)angespielt

Die Jugendlichen erarbeiten sich Szenen selbst, in Auseinandersetzung mit diversen Themen.

Kategorie: Kreativ, Theater
Thema: Alle Themen
Zeitaufwand: 180 Minuten | **Gruppengröße:** bis 10, 10–20 | **Alter:** ab 12
Anspruch für die Leitung: 2 | **Anspruch für die Gruppe:** 3 | **Aufwand:** 2
Sozialform: Einzelarbeit, Partnerarbeit, Gruppenarbeit, Plenum

Material: Requisiten, Texte und Hintergrundinformation, Kamera und Laptop

Beschreibung
Die Jugendlichen erhalten einen Text bzw. ein Thema, mit dem sie sich eingehend beschäftigen sollen. Sie entwickeln eine szenische Umsetzung und setzen diese um. Es empfiehlt sich, als Ausgangslage eine „Problemstellung" zu provozieren (z. B. ein Text mit offenem Ausgang, eine Dilemmageschichte).
Da nicht alle Jugendlichen gleich gern im „Rampenlicht" stehen, ist eine vorherige Rollenverteilung, die jeden/jede in seinen/ihren Gaben wahrnimmt, sinnvoll (z. B. Regisseur/Regisseurin, Darsteller/Darstellerin, Erzähler/Erzählerin, Kameramann/Kamerafrau usw.).

Variante
Szenische Darstellungsformen können vielfältig sein. Mögliche Umsetzungsvarianten wären z. B. Standbilder, Hörspiel, Kurzfilm, WhatsApp-Konversation, Bildergeschichte/Comics usw.

Anwendungsbeispiel
Lukas 10,29–37 „Der barmherzige Samariter": Es bietet sich ein Perspektivwechsel an (z. B. „Stellt euch vor, der Verletzte trifft auf den Samariter, wie könnte das aussehen? Überlegt euch drei unterschiedliche Ausgänge dieses Treffens.") Eine weitere Option wäre es, eine moderne „Beispielgeschichte" (Flüchtlingskrise, Mobbing usw.) zu verfassen.

KATEGORIE:
QUIZ

Bibelfußball

Ein einfaches Quizduell, bei dem zwei Gruppen wie beim Fußball gegeneinander spielen.

Kategorie: Quiz, Spiel, Text
Thema: Bibel
Zeitaufwand: 30 Minuten | **Gruppengröße:** bis 10, 10–20, 20+ | **Alter:** ab 12
Anspruch für die Leitung: 2 | **Anspruch für die Gruppe:** 2 | **Aufwand:** 1
Sozialform: Gruppenarbeit, Plenum

Material: selbstgezeichnetes Tafelbild/Plakat mit dem Fußballfeld, Magnetknopf/Reißzwecke, Quizfragen/-antworten (siehe Downloads zum Buch)

Beschreibung
Das Fußballfeld mit seinen entsprechenden Linien wird an die Wandtafel gezeichnet und der Ball durch einen Magnetknopf symbolisiert (oder ein Fußballfeld als Plakat aufhängen, der Ball ist eine Reißzwecke). Die Leitung stellt eine Frage und nennt eine Bibelstelle, die es nachzuschlagen gilt. Wer die Stelle zuerst findet und die Antwort ruft, dessen Mannschaft darf den Ball eine Linie weiterrücken in Richtung des gegnerischen Tores. Wurde ein Tor geschossen, beginnt das Spiel von neuem an der Mittellinie.

➡

Fußballfeld

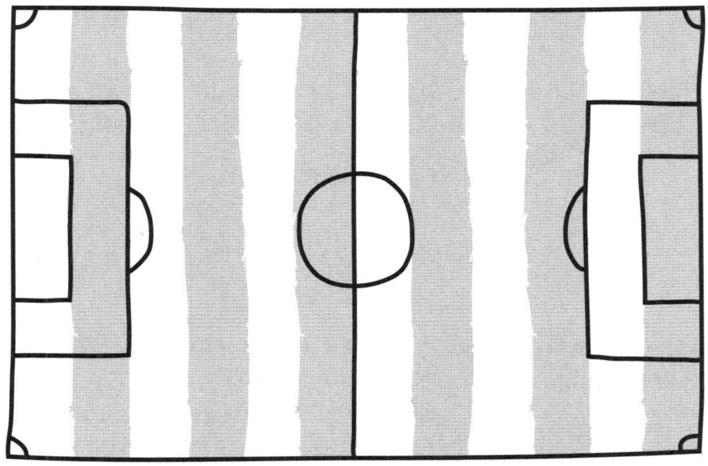

Anwendungsbeispiel

Im Download gibt es umfangreiche Fragen mit Bibelstellen, die einfach erweitert werden können (Verwendung mit freundlicher Genehmigung von Kurt Mikula, Wolfgang Franz und 4teachers.de).

Alle Fragen und Antworten sind kostenfrei verfügbar und dürfen auch weiterentwickelt werden. Sämtliche Materialien sind unter der Creative Commons-Lizenz CC BY lizenziert (die Ideen dürfen vervielfältigt, verbreitet, abgewandelt, sogar verkauft werden, solange man den Namen des Autors nennt).

Ja-Nein-Rätsel

Ein ungewöhnlicher Kriminalfall muss durch Ja-Nein-Fragen gelöst werden.

Kategorie: Gespräch, Quiz
Thema: Bibel
Zeitaufwand: 20 Minuten | **Gruppengröße:** bis 10, 10–20 | **Alter:** ab 12
Anspruch für die Leitung: 1 | **Anspruch für die Gruppe:** 2 | **Aufwand:** 1
Sozialform: Plenum

Material: Rätsel

Beschreibung
Diese Kriminalfälle klingen beim ersten Hören paradox. Nur der/die Spielleitende kennt die Auflösung des Falls, er/sie antwortet aber immer nur mit „Ja" oder „Nein" auf alle Fragen, höchstens einmal mit „vielleicht" oder „das spielt keine Rolle". Meistens ist die Lösung für z. B. einen zunächst dramatisch klingenden Mordfall am Ende ganz harmlos. Es dauert oft sehr lange, bis ein Fall aufgelöst ist. Gern werden solche Rätsel auf langen Busfahrten, Wanderungen oder am Lagerfeuer gelöst, wenn es keinen Zeitdruck gibt. Hier findet man viele Rätselkrimis: www.raetselstunde.de/text-raetsel/laterale/raetsel-krimi-001.html (letzter Zugriff am 28.11.2017).

Anwendungsbeispiel
Auch aus biblischen Geschichten kann man solche Kriminalfälle entwickeln. Am besten nimmt man unbekanntere Geschichten wie den listigen Linkshänder-Mörder Ehud (Ri 3,12-30) (Beispiel: Müller, Ingo: Unbelievable stories. 50 spannende Rätsel aus der Bibel, buch+musik, Stuttgart 2010).

Ja-Nein-Stuhl

Ein Wettspiel, bei dem man zuerst den richtigen Antwortstuhl erreichen muss.

Kategorie: Einstieg, Quiz, Spiel
Thema: Bibel, Heiliger Geist
Zeitaufwand: 10 Minuten | **Gruppengröße:** 10–20, 20+ | **Alter:** ab 12
Anspruch für die Leitung: 1 | **Anspruch für die Gruppe:** 1 | **Aufwand:** 2
Sozialform: Plenum

Material: Ja- bzw. Nein-Schild, 2 Stühle, Fragen (siehe Downloads zum Buch)

Beschreibung
Die Gruppe wird in zwei oder drei Mannschaften aufgeteilt, die sich hintereinander aufstellen. Zwei mit „Ja" und „Nein" gekennzeichnete Stühle werden am anderen Ende des Raumes aufgestellt. Die Spielleitung stellt eine Frage. Die Mannschaft, deren Läufer/Läuferinnen zuerst auf dem richtigen Stuhl sitzt, bekommt 1 Punkt.
Die Antwort kann im Gespräch kurz überprüft und ausgewertet werden, dies sollte aber nicht den Spielfluss unterbrechen. Etwa zehn bis zwanzig Fragen sollten vorbereitet sein.

Variante
Man kann sich auch spontan Fragen ausdenken. Am besten wählt man dazu einige Jugendliche oder Mitarbeitende aus, die nebenher die nächste Frage überlegen.

Anwendungsbeispiel
Sechzehn Fragen zum Thema Heiliger Geist gibt es im Download.
Zwanzig Fragen zum Thema Bibel gibt es unter www.anknuepfen.de/materialien/themen/bookletsearch/Booklet/articleDetail/102.html, letzter Zugriff am 28.11.2017.

Was singst du?

Die Jugendlichen sollen erraten, welches Lied ihnen vorgesungen wird.
Sie müssen sich dabei auf die Interpretation des Sängers / der Sängerin verlassen.

Kategorie: Musik, Quiz, Spiel
Thema: Alle Themen
Zeitaufwand: 25 Minuten | **Gruppengröße:** 10–20, 20+ | **Alter:** ab 6
Anspruch für die Leitung: 1 | **Anspruch für die Gruppe:** 2 | **Aufwand:** 2
Sozialform: Einzelarbeit, Gruppenarbeit

Material: Laptop, Lautsprecher, 2 Kopfhörer, 2 Mikrofone, Playlist, Stoppuhr

Beschreibung
Vorbereitend werden diverse Lieder ausgesucht. Pro Runde sollten zwei (nicht vollkommen unbekannte) Lieder mit ähnlichem Schwierigkeitsgrad bereitgestellt werden (Playlist erstellen). Die Jugendlichen werden in zwei Gruppen eingeteilt. Jeweils zwei Sänger/Sängerinnen treten gegeneinander an. Die anderen müssen herausfinden, welchen Song „ihr Sänger / ihre Sängerin" ihnen gerade vorsingt. Sie haben dazu 60 Sekunden Zeit. Der Sänger / die Sängerin erhält einen Kopfhörer und ein Mikrofon. Dann wird ihm/ihr der Song vorgespielt. Ob er/sie diesen Song kennt, ist nebensächlich. Es geht darum, die Melodie mitzusingen oder Textstücke wiederzugeben. Der Song sollte in gut hörbarer Lautstärke abgespielt werden, da die Geräuschkulisse oft recht hoch ist. Die Leitung achtet auf die Zeit und richtige Antworten (pro richtiger Antwort 1 Punkt). Nach Ablauf der Zeit wird das Lied (erraten oder nicht) für alle nochmal laut abgespielt.

Anwendungsbeispiel
Neben YouTube und diversen anderen Portalen empfiehlt sich gerade für EG-Lieder das „Klingende Gesangbuch" (www.klingendesgesangbuch.de, letzter Zugriff am 28.11.2017).

Wer gewinnt die Million?

Ein Quiz nach den Prinzipien der Fernsehshow.

Kategorie: Quiz
Thema: Bibel, Religionen
Zeitaufwand: 30 Minuten | **Gruppengröße:** bis 10, 10–20, 20+ | **Alter:** ab 12
Anspruch für die Leitung: 1 | **Anspruch für die Gruppe:** 2 | **Aufwand:** 2
Sozialform: Gruppenarbeit, Plenum

Material: Laptop, Beamer, Internetzugang oder vorbereitete PowerPoint

Beschreibung
Die Methode basiert auf „Wer wird Millionär®" mit Günther Jauch. In fünfzehn Gewinnstufen werden jeweils vier Antwortmöglichkeiten auf jede Frage vorgegeben, von denen nur eine richtig ist. Jeder Kandidat hat drei Joker. Beim 50:50-Joker werden zwei falsche Antworten ausgeblendet. Beim Publikumsjoker sieht man, wie das Publikum antworten würde. Beim Telefonjoker darf man 30 Sekunden lang mit einer vorher festgelegten Person telefonieren. Statt des Publikumsjokers kann man einen Internetjoker einführen, der eine kurze Recherche erlaubt.
Entweder spielt die ganze Gruppe gleichzeitig darum, möglichst weit zu kommen, oder zwei Gruppen wechseln sich ab. Wie beim echten Spiel sollte es einen attraktiven Preis geben, wenn eine Gruppe es bis zur Millionenfrage schafft.

Variante
Zwei Gruppen entwickeln füreinander Fragensets.

Anwendungsbeispiel
Ein grafisch schön umgesetztes Online-Bibelquiz im Stil von „Wer wird Millionär?®" gibt es unter www.biblionaer.sv-ec.de (letzter Zugriff am 28.11.2017).
Quizfragen in verschiedenen Schwierigkeitsstufen zu den Weltreligionen findet man unter www.religionen-entdecken.de/quiz/startseite (letzter Zugriff am 28.11.2017).

Wörter raten mit Hindernissen

Einen Begriff erklären, ohne eines der fünf nicht erlaubten Worte zu benutzen.

Kategorie: Quiz, Spiel
Thema: Alle Themen
Zeitaufwand: 20 Minuten | **Gruppengröße:** 10–20, 20+ | **Alter:** ab 12
Anspruch für die Leitung: 1 | **Anspruch für die Gruppe:** 1 | **Aufwand:** 2
Sozialform: Plenum

Material: Tabu®-Karten, Karten, Stifte, Hupe/Pfeife, Sanduhr/Timer

Beschreibung
Die Methode basiert auf dem Spielprinzip von Tabu®. Die Gruppe wird in zwei Mannschaften aufgeteilt. Ein Mannschaftsmitglied erklärt seiner Gruppe in begrenzter Zeit (1 oder 2 Minuten) den Begriff, der oben auf der Karte steht, ohne diesen oder die fünf aufgeführten nicht erlaubten Worte zu benutzen. Ein Mitglied der gegnerischen Mannschaft überwacht dies und hupt, wenn die Zeit um ist oder ein nicht erlaubtes Wort genannt wurde. In diesem Fall verfällt die Karte. Wenn eine Karte zu schwer ist, darf man die nächste nehmen. Jeder erratene Begriff pro Runde bringt 1 Punkt.
Man kann unter die gekauften Tabu®-Karten thematisch passende mischen, die dann nicht übersprungen werden dürfen.

Anwendungsbeispiel
Eigene Karten zum Thema Gottesdienst könnten z. B. so aussehen:
Predigt: Pfarrer, Kanzel, reden, langweilig, Bibel
Segen: Hände, Talar, Pfarrer, Schluss, stehen
Orgel: Pfeifen, Musik, Instrument, spielen, singen
Abendmahl: essen, Brot, Wein, Traubensaft, Jesus

KATEGORIE:
AUSWENDIGLERNEN

Auswendiglernen mit verschwindendem Text

Von einem Text verschwinden immer mehr Buchstaben, bis man ihn auswendig kann.

Kategorie: Auswendiglernen, Computer
Thema: Glaubensbekenntnis

Zeitaufwand: 15 Minuten	**Gruppengröße:** bis 10, 10–20, 20+	**Alter:** ab 12
Anspruch für die Leitung: 1	**Anspruch für die Gruppe:** 1	**Aufwand:** 2

Sozialform: Einzelarbeit, Plenum

Material: Beamer oder Bildschirm, Computer, PowerPoint-Präsentation

Beschreibung
Mithilfe einer PowerPoint-Präsentation, bei der immer mehr vom Text verschwindet, macht es mehr Spaß, einen Text auswendig zu lernen.
Die Präsentation wird der Gruppe vorgeführt, alle sprechen jede Seite einmal laut mit. Zum Schluss können die Teilnehmenden den Text auch allein aufsagen, dabei können sie den Schwierigkeitsgrad selbst wählen.

Variante
Mit dieser Methode können die Teilnehmenden im Rahmen eines Stationenlernens oder einer offenen Phase Texte auch allein lernen. Dann wird einfach ein Laptop mit der Präsentation aufgebaut.

Anwendungsbeispiel
Mit dieser Methode lässt sich z. B. das Glaubensbekenntnis gut auswendig lernen (Beispiel: www.thomas-ebinger.de/2014/01/digitaler-credo-lerntrainer, letzter Zugriff am 28.11.2017).

Händisch auswendig lernen

Spiel- und Memoriertechnik, die die ganze Gruppe einbezieht.

Kategorie: Auswendiglernen, Spiel
Thema: Alle Themen
Zeitaufwand: 15 Minuten | **Gruppengröße:** bis 10, 10–20 | **Alter:** ab 6
Anspruch für die Leitung: 1 | **Anspruch für die Gruppe:** 2 | **Aufwand:** 1
Sozialform: Einzelarbeit, Plenum

Material: Zettel mit Lernstücken

Beschreibung

Eine Person verlässt den Raum. Die anderen ziehen je einen Zettel, auf dem diverse Worte (auch in Silbentrennung) aus einem Lerntext stehen. Dann stellen sie sich – bunt gemischt – in einer Reihe auf und strecken die Hände mit den Handflächen nach vorn. Jede Hand symbolisiert eine Silbe oder ein Wort. Die Person, die vor der Tür gewartet hat, soll nun die Jugendlichen in die richtige Reihenfolge stellen, sodass sich ein sinnvoller Text ergibt. Um herauszufinden, hinter welcher Person sich welche Silbe verbirgt, drückt sie auf die ausgestreckten Hände der Jugendlichen. Diese sagen ihre Silbe oder ihr Wort. So kann die Neuordnung beginnen. Am Schluss werden nochmal alle Hände berührt und der Text in der richtigen Reihenfolge gesprochen.

Variante

Mit Liedern: Hier wird noch das passende Melodiestück wiedergegeben.

Anwendungsbeispiel

Glaubensbekenntnis:

- Zettel 1: „Ich – glau-"
- Zettel 2: „-be – an"
- Zettel 3: „Gott – den"
- Zettel 4: „Va- – -ter" usw.

Rap

siehe Kategorie Musik, S. 180

Speakers Corner

Wer ein Stück eines Textes auswendig kann,
stellt sich auf ein Podest und spricht den Text laut.

Kategorie: Auswendiglernen
Thema: Bibel, Glaubensbekenntnis

Zeitaufwand: 15 Minuten	**Gruppengröße:** bis 10, 10–20, 20+	**Alter:** ab 6
Anspruch für die Leitung: 1	**Anspruch für die Gruppe:** 1	**Aufwand:** 1

Sozialform: Plenum

Material: Podest, Auswendiglerntext, Musik, Abspielgerät, Beamer und Computer/ Overheadprojektor

Beschreibung
Jeder/jede bekommt den auswendig zu lernenden Text auf einem Zettel ausgehändigt. Zu lockerer Musik gehen alle im Raum auf und ab. Sobald einer/eine einen vorher festgelegten Teil des Textes oder den ganzen Text auswendig kann, stellt er/sie sich auf das Podest und sagt ihn laut der Gruppe vor. Diese wiederholt ihn noch einmal gemeinsam. So geht es weiter, bis der ganze Text einmal vom Podest zu hören war.

Variante
Der Text kann auch mit Beamer oder Overheadprojektor an die Wand projiziert werden.

Anwendungsbeispiel
Mit dieser Methode können die Memoriertexte für die Konfirmation gelernt werden, es ist aber auch sonst eine gute Möglichkeit, sich wertvolle Bibeltexte einzuprägen. Sehr gut eignen sich Psalmen oder auch Texte aus dem Johannesevangelium.

KATEGORIE: FEEDBACK

Blitzlicht

siehe Kategorie Gespräch, S. 56

Dartscheibe

Schnelles und gut visualisiertes Feedback zu diversen Themen.

Kategorie: Einstieg, Feedback
Thema: Alle Themen
Zeitaufwand: 10 Minuten | **Gruppengröße:** bis 10, 10–20, 20+ | **Alter:** ab 6
Anspruch für die Leitung: 1 | **Anspruch für die Gruppe:** 1 | **Aufwand:** 2
Sozialform: Plenum

Material: Tonpapier, Klebepunkte, Gegenstände (Federn, Blätter, Bauklötze, Spielfiguren usw.), Moderationskarten, Laminiergerät/Folie, Edding, Schere

Beschreibung
Aus Tonpapier wird ein runder Kreis (Durchmesser ca. 1 m) ausgeschnitten. Mit Edding wird die Dartscheibenunterteilung aufgezeichnet. Es empfiehlt sich, die Dartscheibe zu laminieren oder mit Folie zu bekleben. Am äußeren Ende der Scheibe werden die Kategorien (z. B. Gruppe, Thema, Spaß usw.) angebracht. Die Jugendlichen erhalten Klebepunkte, die sie auf der Scheibe positionieren können. Je näher der Punkt ins „Schwarze" trifft bzw. zur Mitte hin geklebt wird, desto positiver wird die jeweilige Kategorie gewichtet. Nach erfolgter Evaluation wird das entstandene Bild wahrgenommen. Die Ergebnisse werden von der Leitung oder den Jugendlichen zusammengefasst und dann gemeinsam kommentiert und reflektiert. Wichtig ist, dass die Klebepunkte einfarbig sind, damit das Feedback nicht zurückverfolgt werden kann.

➡

Dartscheibe

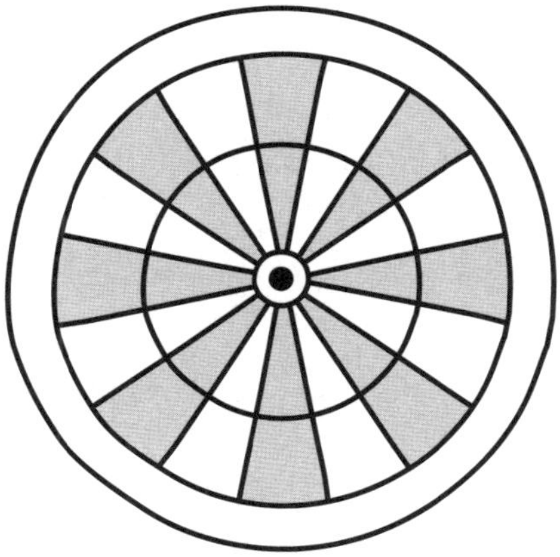

Variante

Diese Methode eignet sich auch gut für individuelle Positionierungen.

Die Dartscheibe liegt auf dem Boden. Die Jugendlichen dürfen sich jeweils einen Gegenstand aussuchen (z. B. Federn, Spielfiguren, Bauklötze usw.) Die Anzahl der Gegenstände entspricht der Anzahl der Jugendlichen, die Anzahl der gleichen Gegenstände der Anzahl der Fragen (z. B. zehn Jugendliche, zehn unterschiedliche Gegenstände, bei vier Fragen also viermal derselbe Gegenstand). Da jeder/jede seinen/ihren eigenen Gegenstand hat, wird die individuelle Positionierung sichtbar.

Anwendungsbeispiel

Ein mögliches Thema könnte die Erfahrungen der Abendmahlsfeier sein. Die Jugendlichen erhalten ihre Figuren und dürfen sie z. B. zur Frage „Wie hast du bisher Abendmahl erlebt?" positionieren. Diskussionen nach jeder Runde sind möglich.

Daumenfeedback

Eine schnelle Form des Feedbacks.

Kategorie: Abschluss, Feedback
Thema: Alle Themen
Zeitaufwand: 5 Minuten | **Gruppengröße:** bis 10, 10–20, 20+ | **Alter:** ab 6
Anspruch für die Leitung: 1 | **Anspruch für die Gruppe:** 1 | **Aufwand:** 1
Sozialform: Plenum

Material: keines

Beschreibung
Die Gruppe steht oder sitzt im Kreis. Auf eine vorgegebene Frage drückt jeder/jede mit dem Daumen seine/ihre Meinung aus. Daumen nach oben heißt: „Das finde ich gut, da stimme ich zu." Daumen nach unten bedeutet das Gegenteil, und Daumen waagerecht heißt: „Da bin ich neutral, das war weder gut noch schlecht."
Auch eine Meinung darüber, wie es weitergehen soll, kann man so gut abfragen.
Das Daumenfeedback kann auch gut am Ende jeder Gruppenstunde stehen und Auftakt für ein kurzes mündliches Feedback sein.

Variante
Damit nicht alle sich der Meinung der Nachbarn/Nachbarinnen anschließen, kann man vorher die Augen schließen lassen.

Anwendungsbeispiel
Für jede Gelegenheit anwendbar.

Gefühlskarten

Aus einer großen Zahl von Gefühlen wählt man das momentan passende aus.

Kategorie: Abschluss, Einstieg, Feedback, Gruppendynamik
Thema: Bibel, Gruppe
Zeitaufwand: 20 Minuten | **Gruppengröße:** bis 10, 10–20 | **Alter:** ab 12
Anspruch für die Leitung: 2 | **Anspruch für die Gruppe:** 2 | **Aufwand:** 1
Sozialform: Gruppenarbeit, Plenum

Material: Gefühlskarten

Beschreibung
Mit Gefühlskarten ist es leichter, über Gefühle zu reden. Sie können Begriffe enthalten oder auch aus Bildern bestehen. Je mehr Karten man hat, desto besser. Gut ist es, wenn die Karten doppelt vorliegen.
Jeder/jede wählt sich ein Gefühl aus, das zu seiner/ihrer gegenwärtigen Stimmungslage passt. Mögliche Impulsfragen:

- Wie geht es dir gerade persönlich?
- Mit welchen Gefühlen und Erwartungen bist du heute dabei?
- Welche Gefühle löst die bevorstehende Zeit bei dir aus?

Anschließend berichtet jeder/jede über seine/ihre momentane Gefühlslage. (Schöne Karten zum Beispiel: http://www.gewaltfrei-101uebungen.de/kostenloser-downloadbereich/, letzter Zugriff am 28.11.2017.)

Variante
Wenn man noch keine Gefühlskartei hat, kann man diese auch mit der Gruppe selbst erstellen. In einem Wettspiel sammelt man in Gruppen möglichst viele unterschiedliche Gefühle. Anschließend kann man überlegen, welche noch fehlen.

Anwendungsbeispiel
Bei der Erarbeitung einer biblischen Geschichte kann man zuerst seine eigenen Gefühle offenlegen und anschließend in einer Gruppenarbeit den verschiedenen Personen Gefühle zuordnen. Wo gibt es Schnittmengen zwischen Gefühlen der biblischen Personen und meinen Gefühlen? Wie hilft mir die biblische Geschichte weiter?

Ich räume meinen Computer auf

Feedback an drei Stationen.

Kategorie: Feedback
Thema: Alle Themen
Zeitaufwand: 20 Minuten | **Gruppengröße:** bis 10, 10–20, 20+ | **Alter:** ab 12
Anspruch für die Leitung: 1 | **Anspruch für die Gruppe:** 1 | **Aufwand:** 2
Sozialform: Einzelarbeit, Plenum

Material: Computer-Symbole als Plakate (Ordner, Papierkorb), grünes Tuch (Desktophintergrund), Moderationskarten, Digitalkamera

Beschreibung
Auf dem Boden liegt als Untergrund ein grünes Tuch. Darauf werden die Computer-Symbole „Ordner" und „Papierkorb" gelegt. Die Symbole sollten ca. 60 cm groß sein. Die Jugendlichen erhalten mehrere Moderationskarten sowie den Auftrag, die zu evaluierende Einheit, Freizeit usw. Revue passieren zu lassen. Über die jeweiligen Symbole werden die Überschriften gelegt (Ordner: „Das hat mir gefallen", Papierkorb: „Das konnte ich nicht gebrauchen", Desktophintergrund: „Das möchte ich noch sagen" oder „Da habe ich noch eine Frage". Die Jugendlichen sollten – wenn möglich – zu jeder Überschrift eine Karte beschriften. Danach dürfen sie ihre Ergebnisse, wenn sie möchten mit Erklärungen, den jeweiligen Symbolen zuordnen. Es kann eine Reflexion erfolgen, das Bodenbild kann als Sicherung fotografiert werden.

Variante
Möglich ist diese Methode auch als Arbeitsblatt (Screenshot: Desktophintergrund mit Ordner und Papierkorb), das in Einzelarbeit ausgefüllt werden kann (entweder nur zur Selbstreflexion der Jugendlichen oder aber für die anonyme Auswertung).

Anwendungsbeispiel
Diese Feedbackmethode eignet sich dafür, ganze Freizeiten oder auch kleinere Einheiten zu evaluieren.

Impulskarten

siehe Kategorie Einstieg, S. 32

Schreibgespräch

siehe Kategorie Einstieg, S. 38

Speeddating

siehe Kategorie Gespräch, S. 69

Streichholzreflexion

Während ein Streichholz abbrennt, gibt jeder/jede sein/ihr Statement ab.

Kategorie: Feedback, Gespräch
Thema: Alle Themen
Zeitaufwand: 15 Minuten | **Gruppengröße:** 10–20 | **Alter:** ab 12
Anspruch für die Leitung: 1 | **Anspruch für die Gruppe:** 1 | **Aufwand:** 1
Sozialform: Plenum

Material: Schachtel Streichhölzer, Kerzen/Wunderkerzen

Beschreibung

Eine Streichholzschachtel wird im Kreis herumgereicht. Jeder/jede entnimmt ein Streichholz und gibt sein/ihr Statement ab, während das Streichholz brennt. Dadurch entsteht eine natürliche Zeitbegrenzung und jeder/jede muss sich vorher gut überlegen, was er/sie sagen will.
Besonders eignet sich die Methode, um positives Feedback einzuholen: Wo hat es bei mir gezündet? Wo ist mir ein Licht aufgegangen? (nach: Gilsdorf, Rüdiger: Kooperative Abenteuerspiele 3. Eine Praxishilfe für Schule, Jugendarbeit und Erwachsenenbildung, Klett Kallmeyer, Seelze-Velber 2013, S. 197)

Variante

Mit dem Streichholz kann in einer gestalteten Mitte auch jeweils ein Teelicht angezündet und anschließend geredet werden. So wird symbolisch deutlich, dass ein zündender Gedanke weiter wirkt.
Statt Streichhölzern können auch Wunderkerzen verwendet werden. Mit Wunderkerzen kann man das Feuer auch an den Nachbarn / die Nachbarin weitergeben, was bei Streichhölzern leicht misslingt.

Anwendungsbeispiel

Beim Abschlussgottesdienst einer gemeinsam verbrachten Freizeit sagt jeder/jede, wofür er/sie jetzt Gott dankbar ist. Die entzündeten Teelichter werden anschließend auf den Altar gestellt.
Naheliegend sind Themen, die man mit Feuer verbindet (z. B. Heiliger Geist, Liebe).

Summograph

Ein Gruppenfeedback, das durch Summen hörbar wird.

Kategorie: Feedback
Thema: Alle Themen
Zeitaufwand: 10 Minuten | **Gruppengröße:** bis 10, 10–20, 20+ | **Alter:** ab 6
Anspruch für die Leitung: 1 | **Anspruch für die Gruppe:** 1 | **Aufwand:** 1
Sozialform: Plenum

Material: Skala, Flipchart/Tafel

Beschreibung
Gut sichtbar im Raum wird eine Skala ausgelegt mit Werten von 1 bis 10. Die Gruppenleitung stellt eine Feedbackfrage, die unterschiedliche Bewertung zulässt (z. B. „Wie hat euch unser gemeinsames Wochenende gefallen?“ oder „Wie viel habt ihr für euch persönlich dazugelernt?“).
Die Leitungsperson geht ganz langsam die Skala entlang, jeder/jede summt dort am lautesten, wo es seiner/ihrer Bewertung entspricht.
Der Charme der Methode ist, dass jeder/jede persönlich Stellung beziehen muss, aber deutlich anonymer bleibt als bei der Methode Zahlenstrahl (siehe Kategorie Einstieg, S. 41).
(nach: Haeske, Carsten: Der Summograph. Eine akustische Feedback-Methode. In: KU Praxis 58 (2013), S. 52–53)

Variante
Die Skala kann auch auf ein Flipchart oder eine Tafel aufgezeichnet werden. Die Fragen können auch aus der Gruppe kommen.

Anwendungsbeispiel
Für jede Gelegenheit anwendbar.

Wasserreflexion

Jeder/jede schöpft Wasser mit einem Kommentar in das positive oder negative Glas.

Kategorie: Feedback
Thema: Alle Themen
Zeitaufwand: 15 Minuten | **Gruppengröße:** 10–20 | **Alter:** ab 12
Anspruch für die Leitung: 1 | **Anspruch für die Gruppe:** 1 | **Aufwand:** 1
Sozialform: Plenum

Material: Glasschale, 2 große Gläser, großer Löffel / kleine Schöpfkelle

Beschreibung
Ob das Glas halb voll oder halb leer ist, ist eine Frage der Perspektive. Der Optimist / die Optimistin wird es immer mindestens halb voll finden, hoffentlich sieht es nach dieser Feedbackmethode auch so aus.
In der Mitte steht eine Glasschale mit Wasser, daneben ein großes positives und negatives Glas, die mit „+“ bzw. „–“ gekennzeichnet sind. Jeder/jede darf jetzt mit einer kurzen Begründung einmal oder mehrfach Wasser in eines der Gläser oder auch in beide schöpfen. Am Schluss sieht man schön, welche Rückmeldung überwiegt (nach: Klein, Ursula / Wustrau, Christian: Abenteuer City Bound. Spielideen für soziales Lernen in der Stadt, Klett Kallmeyer, Seelze-Velber 2014, S. 143).

Variante
Die Gläser können auch anders definiert werden, sodass nur positives Feedback zählt, z. B. Stimmung in der Gruppe, Ertrag für mich persönlich, Organisation und Rahmenbedingungen. Diese Begriffe stehen auf einem kleinen Zettel, der vor dem jeweiligen Glas liegt.

Anwendungsbeispiel
Für jede Gelegenheit anwendbar.

Zahlenstrahl
siehe Kategorie Einstieg, S. 41

KATEGORIE: ABSCHLUSS

Abschiedskette

Jeder/jede nimmt von jedem/jeder Abschied.

Kategorie: Abschluss
Thema: Gruppe, Rituale
Zeitaufwand: 5 Minuten | **Gruppengröße:** 10–20, 20+ | **Alter:** ab 6
Anspruch für die Leitung: 1 | **Anspruch für die Gruppe:** 1 | **Aufwand:** 1
Sozialform: Plenum

Material: keines

Beschreibung
Die Gruppe steht – vielleicht nach einem abschließenden Segen oder einem gemeinsam gesungenen Lied – im Kreis. Einer/eine beginnt, sich zuerst von seinem/ihrem rechten Nachbarn bzw. seiner/ihrer rechten Nachbarin zu verabschieden und geht dann weiter im Kreis herum. Die zweite Person schließt sich an und geht ebenfalls im Kreis herum. Am Schluss haben sich alle von allen verabschiedet.

Variante
Jeder/jede bekommt den Auftrag, beim Abschied etwas Nettes, Ermutigendes zu jeder Person zu sagen.

Anwendungsbeispiel
Diese Form des Abschieds eignet sich besonders bei großen Gruppen, die etwas Intensives miteinander erlebt haben, z. B. eine Freizeit.

Blitzlicht
siehe Kategorie Gespräch, S. 56

Bodenbilder

siehe Kategorie Kreativ, S. 77

Brief an mich selbst

Methode der Selbstreflexion durch Schreiben.

Kategorie: Abschluss, Text
Thema: Identität, Konfirmation
Zeitaufwand: 25 Minuten | **Gruppengröße:** bis 10, 10–20, 20+ | **Alter:** ab 12
Anspruch für die Leitung: 1 | **Anspruch für die Gruppe:** 1 | **Aufwand:** 2
Sozialform: Einzelarbeit

Material: Papier (bunt), Briefumschläge, Stifte, Musik, Abspielgerät

Beschreibung
Die Jugendlichen schreiben sich selbst einen Brief, welcher ihnen nach einiger Zeit (oft nach einem Jahr) zugeschickt wird. Wichtig ist, dass das Briefgeheimnis gewahrt wird, die Jugendlichen das Briefkuvert also selbst verschließen sowie mit einer aktuellen Adresse versehen. Diese Methode dient der Selbstreflexion des/der Schreibenden. Der Briefinhalt kann entweder ganz frei bestimmt oder es kann ein Impuls vorgegeben werden. Wichtig ist, dass das Setting stimmig, privat aber dennoch einladend zum Nachdenken ist. Ein Tisch pro Brief wäre sinnvoll. Auch kann leise Hintergrundmusik eingesetzt werden.

Anwendungsbeispiel
Es empfiehlt sich, diese Methode anzuwenden, wenn ein größeres Zeitfenster vorhanden ist (z. B. auf einer Konfifreizeit). Der Brief könnte dann über mehrere Tage verteilt geschrieben werden. Möglich wäre auch ein ganzer Tag zum Thema Identität.
Denkbare Impulse: „Was möchte ich mir heute in einem Jahr sagen?" oder „Wie sieht mein Leben kurz vor der Konfirmation aus?" „Worauf freue ich mich?" „Was macht mir Angst?"

Collage

Visualisieren und kreatives Gestalten thematischer Einheiten.

Kategorie: Abschluss, Kreativ
Thema: Alle Themen
Zeitaufwand: 35 Minuten | **Gruppengröße:** bis 10, 10–20, 20+ | **Alter:** ab 6
Anspruch für die Leitung: 1 | **Anspruch für die Gruppe:** 1 | **Aufwand:** 2
Sozialform: Einzelarbeit, Partnerarbeit, Gruppenarbeit

Material: Zeitschriften, Zeitungen, Bastelmaterialien (z. B. Stoffreste, Glitzerstifte), Kleber, Scheren, Plakate, diverse Stifte

Beschreibung

Eine Collage ermöglicht einen spielerischen Zugang zu oft sehr komplexen Thematiken, welche mit Bildern aus Zeitschriften oder diversen Materialien visualisiert werden können. Die Jugendlichen sitzen an großflächigen Tischen mit Plakaten und können aus einem Pool (z. B. Stoffreste, Zeitschriften usw.) das Material auswählen, welches sie verwenden möchten. Danach folgt eine kurze inhaltliche Strukturphase (Wie soll das Plakat aufgebaut sein?).
Zu beachten ist, dass Collagen nicht jedermanns Sache sind, daher sollte noch eine alternative Darstellungsform (z. B. Mindmap, siehe Kategorie Einstieg, S. 34) angeboten werden.

Variante

Die Jugendlichen können auch selbst Fotos machen, die dann vor Ort ausgedruckt und verwendet werden können.

Anwendungsbeispiel

Collage zum Thema Schöpfung: Hier ist es möglich, Naturmaterialien für die Collage selbst zu sammeln.

Daumenfeedback

siehe Kategorie Feedback, S. 216

Gala-Abend

In festlichem Rahmen miteinander feiern.

Kategorie: Abschluss, Gruppendynamik
Thema: Gruppe
Zeitaufwand: 120 Minuten | **Gruppengröße:** 10–20, 20+ | **Alter:** ab 12
Anspruch für die Leitung: 2 | **Anspruch für die Gruppe:** 1 | **Aufwand:** 3
Sozialform: Plenum

Material: Einladungskarten, Buffet, Musik, Abspielgerät, je nach Programm: Spiele, Ballons, Helium, Computer, Beamer

Beschreibung
Ein Gala-Abend ist eine gute Möglichkeit, einen festlichen Akzent im Gruppenleben zu setzen.
Schon die Einladung sollte vornehm gestaltet sein mit dem Hinweis auf die Kleiderordnung (Anzug bzw. Abendkleid). Natürlich gibt es gutes Essen und (alkoholfreie) Cocktails, eine vorbereitete Rede des Gastgebers / der Gastgeberin, gemeinsame Programmpunkte und verschiedene Möglichkeiten, sich die Zeit zu vertreiben, z. B.:

- Spiele wie Roulette, Würfelpoker, Kartenspiele
- eine Tanzfläche mit passender Musik
- es werden Bilder gezeigt von dem, was die Gruppe gemeinsam erlebt hat
- gemeinsam Ballons steigen lassen

Anwendungsbeispiel
Eine Konfigruppe wird von der Jugendgruppe einige Wochen nach der Konfirmation zu einem Gala-Abend eingeladen.

Gefühlskarten
siehe Kategorie Feedback, S. 217

Hindurchfließender Segen
siehe Kategorie Spiritualität, S. 104

I like!

Die Jugendlichen bringen wichtige Aspekte ihres Vor- oder Nachnamens zu Gehör.

Kategorie: Abschluss
Thema: Freundschaft, Gruppe, Vertrauen
Zeitaufwand: 15 Minuten | **Gruppengröße:** bis 10, 10–20, 20+ | **Alter:** ab 6
Anspruch für die Leitung: 2 | **Anspruch für die Gruppe:** 2 | **Aufwand:** 2
Sozialform: Plenum

Material: Zettel, Filzstifte, Klebeband, Musik, Abspielgerät

Beschreibung
Diese Methode eignet sich als Abschluss diverser gruppendynamischer Erlebnisse. Jedem/jeder Jugendlichen (gegebenenfalls auch den Leitenden) wird ein Zettel (DIN A4) auf den Rücken geklebt (es empfiehlt sich ein gut haftendes Klebeband zu verwenden). Jeder/jede erhält einen Stift (hier empfehlen sich Filzstifte) und die Aufgabe, jedem/jeder Teilnehmenden eine Sache, die er an ihm/ihr bewundert, mag oder besonders findet, aufzuschreiben. Es bedarf einer „positiven" Gruppenatmosphäre, da sonst die Gefahr besteht, dass manche Rückmeldungen bewusst beleidigend oder verletzend gewählt werden. Die Leitung sollte darauf hinweisen, dass auch „niederschwellige" Attribute (z. B. „Ich mag dein Lächeln" oder „Ich mag deinen Kleidungsstil" usw.) gewählt werden können, da sich manche Jugendliche oft nicht intensiv genug kennen. Während der Schreibphase empfiehlt es sich, meditative Hintergrundmusik einzuspielen und die Gespräche einzustellen. Erst wenn alle einander „geliked" haben, soll auf ein Zeichen hin der Zettel vom Rücken entfernt und die „Likes" gelesen werden. Die Jugendlichen können darauf reagieren. Danach kann mit diversen Impulsfragen: „Haben euch die anderen gut getroffen?" weitergearbeitet werden.

Variante
Möglich ist es auch, dass die Jugendlichen die Zettel nach einem kurzen Durchlesen in einen Umschlag stecken und diesen zukleben (so bleibt die Privatsphäre gewahrt). Die Leitung kann dann den Jugendlichen diesen Brief nach einer Weile postalisch übersenden.

Anwendungsbeispiel
Diese Methode kann gut in Relation zur Frage „Wer bin ich?" oder der Thematik Liebe/Nächstenliebe (z. B. Mt 22,37-40) gesetzt werden.

Kreuzsegen
siehe Kategorie Spiritualität, S. 107

Landart
siehe Kategorie Outdoor/Unterwegs, S. 131

Mindmapping
siehe Kategorie Einstieg, S. 34

Speeddating
siehe Kategorie Gespräch, S. 69

Stationengespräch
siehe Kategorie Gespräch, S. 70

Zahlenstrahl
siehe Kategorie Einstieg, S. 41

ANHANG

Literaturempfehlungen

Conrad, Jörg / Ebinger, Thomas / Hinderer, Martin / Wildermuth, Bernd: Anknüpfen – Praxisideen für die Konfirmandenarbeit, Calwer Verlag, Stuttgart [2]2013.

Flohrer, Katja u. a. (Hrsg.): Hörst du mich? 82 Methoden zum kreativen Gebet, Neukirchener/Brunnen/buch+musik, Neukirchen-Vluyn 2014.

Gilsdorf, Rüdiger / Kistner, Günter: Kooperative Abenteuerspiele Bd. 1-3. Eine Praxishilfe für Schule, Jugendarbeit und Erwachsenenbildung, Kallmeyer, Seelze 1995/2000/2013

Graf, Ulrich / Ilg, Wolfgang: Sinnbildbox. 60 Bildmotive, die tiefer blicken lassen – für Gespräche nicht nur in der Schüler-, Konfi- und Jugendarbeit, buch+musik, Stuttgart [2]2017.

Großer, Achim / Lohrer, Jörg / Oberländer, Rainer: Sinn gesucht – Gott erfahren. Erlebnispädagogik im christlichen Kontext. Bd. 1, buch+musik, Stuttgart [3]2014.

Hahn, Klaus: Methoden in der Konfirmandenarbeit. In: Elsenbast, Volker (Hrsg.): Handbuch für die Arbeit mit Konfirmandinnen und Konfirmanden, Gütersloher Verlagshaus, Gütersloh 1998, S. 227–250 (Titel vergriffen).

Kargl, Marco: Heartbeads. Die Perlenmethode für Schule und Jugendarbeit, Don Bosco, München, und buch+musik, Stuttgart 2017.

Keßler, Hans-Ulrich / Nolte, Burkhardt: Konfis auf Gottsuche. Praxismodelle für eine handlungsorientierte Konfirmandenarbeit, Gütersloher Verlagshaus, Gütersloh 2009 (Titel vergriffen).

Klein, Tanja / Wustrau, Christian: Abenteuer City Bound. Spielideen für soziales Lernen in der Stadt, Kallmeyer, Seelze 2014.

Koppelsberger Spielekartei, 212 Übungen und Spiele zur Förderung der Gemeinschaft, Ev. Nordkirche 2009, Bestelladresse: www.es-nordkirche.de/service/spielekartei/, letzter Zugriff am 28.11.2017, auch als App für Android und iOS verfügbar.

Lohrer, Jörg / Oberländer, Rainer / Wiedmayer, Jörg: Sinn gesucht – Gott erfahren. Erlebnispädagogik im christlichen Kontext. Bd. 2, buch+musik, Stuttgart [2]2014.

Mattes, Wolfgang: Methoden für den Unterricht: Kompakte Übersichten für Lehrende und Lernende, Schöningh, Paderborn 2011.

May, Christopher: Farbe bekennen. Zeig, was du denkst!, buch+musik, Stuttgart 2016.

Müller, Christoph / Renken, Katharina (Hrsg.): Praystation. 99 Gebetsstationen für die Arbeit mit Jugendlichen und in der Gemeinde, buch+musik, Stuttgart 2016.

Müller, Ingo: Unbelievable stories. 50 spannende Rätsel aus der Bibel, buch+musik, Stuttgart 2010.

Müller, Ingo / Nöh, Timo / Sander, Simon / Stöhr, Michael: Der geheimnisvolle Raum. 7 Live Escape Games zur Bibel. Ein Raum. Ein Team. Eine Aufgabe. Eine Stunde., buch+musik, Stuttgart ³2017.

Niehl, Franz W. / Thömmes, Arthur: 212 Methoden für den Religionsunterricht, Kösel, München ²2014.

PTZ Stuttgart und RPI Baden (Hrsg.): anKnüpfen – Impulse für die Konfirmandenarbeit, update 2.x, jährliche Zeitschrift

Rempe, Daniel (Hrsg.): 41 Methoden zum Bibellesen mit Gruppen. Ein Ideenbuch für Mitarbeitende zur Initiative „Liest du mich?" – Gott zum Nachlesen, Neukirchener, Neukirchen-Vluyn ⁵2016.

Schwaderer, Ulrich / Wiedmayer, Jörg / Wöhrbach, Simon (Hg.): Sinn gesucht – Gott erfahren. Erlebnispädagogik in zeitbegrenzten Räumen mit christlichem Kontext. Bd. 3, buch+musik, Stuttgart 2018.

Schweiker, Wolfhard: Arbeitshilfe Religion inklusiv Grundstufe und Sekundarstufe 1. Basisband: Einführung, Grundlagen und Methoden, Calwer Verlag, Stuttgart 2012.

Törner, Günter: KU mit Hand und Fuß. Kreative Methoden zur Gestaltung der Konfirmandinnen- und Konfirmandenarbeit, Gütersloher Verlagshaus, Gütersloh 1998 (Titel vergriffen).

Ziener, Gerhard / Kessler, Mathias: Kompetenzorientiert unterrichten – mit Methode. Methoden entdecken, verändern, erfinden, Kallmeyer, Seelze 2012.

Methodenregister nach Themen

Zeitaufwand in Minuten/Tagen, Aufwand: 1 = gering, 2 = mittel, 3 = herausfordernd

ABENDMAHL	bis 10 Personen	10–20 Personen	20+ Personen	Einzelarbeit	Partnerarbeit	Gruppenarbeit	Plenum	Aufwand	Zeitaufwand	Seite
Eine-Welt-Essen		X	X				X	3	120 Min.	156
In Bilder hineinschlüpfen	X	X				X	X	3	30 Min.	80
Inszeniertes Essen		X					X	3	80 Min.	171
Kreuzmosaik		X	X	X			X	3	60 Min.	106
Stationengottesdienst		X	X	X			X	2	60 Min.	112

ALLE THEMEN	bis 10 Personen	10–20 Personen	20+ Personen	Einzelarbeit	Partnerarbeit	Gruppenarbeit	Plenum	Aufwand	Zeitaufwand	Seite
Ampelmethode		X					X	1	20 Min.	52
Bildbetrachtung	X	X	X				X	1	20 Min.	31
Bildkartei		X		X			X	1	30 Min.	55
Bildnerisches Gestalten	X	X		X	X	X		3	90 Min.	76
Blitzlicht	X	X					X	1	8 Min.	56
Bodenbilder	X	X	X	X	X	X	X	2	20 Min.	77
Body Percussion		X	X				X	1	15 Min.	176
Boomwhackers®		X	X				X	2	30 Min.	177
Collage	X	X	X	X	X	X		2	35 Min.	224

	bis 10 Personen	10–20 Personen	20+ Personen	Einzelarbeit	Partnerarbeit	Gruppenarbeit	Plenum	Aufwand	Zeitaufwand	Seite
Dartscheibe	X	X	X				X	2	10 Min.	214
Daumenfeedback	X	X	X				X	1	5 Min.	216
Dilemma?! Und jetzt?	X	X	X				X	1	30 Min.	195
Doppeln	X	X			X	X	X	1	30 Min.	196
Eins, zwei, drei, Konzentration	X	X					X	1	10 Min.	43
Elfchen	X	X	X	X	X			1	10 Min.	137
Familie Mayer		X	X		X			1	8 Min.	48
Film drehen	X	X				X	X	2	240 Min.	185
Finde jemanden, der …		X	X		X		X	1	15 Min.	24
Fishbowl		X	X				X	1	30 Min.	59
Freeze and go! Kurzfilme mit Methode	X	X	X		X	X	X	2	40 Min.	197
Gebetsbox	X	X	X	X			X	1	5 Min.	100
Geschichte vorlesen		X	X				X	1	20 Min.	139
Graffiti malen	X	X				X	X	3	180 Min.	79
Händisch auswendig lernen	X	X		X			X	1	15 Min.	211
Heißer Stuhl		X	X				X	1	30 Min.	60
Ich räume meinen Computer auf	X	X	X	X			X	2	20 Min.	218
Impulskarten	X	X	X		X	X	X	1	10 Min.	32
Inszenierte Fotografie		X	X	X		X	X	3	180 Min.	81
Interviews führen	X	X	X		X	X		1	90 Min.	130
Kokosnuss-Anhänger	X	X		X				2	90 Min.	84

	bis 10 Personen	10–20 Personen	20+ Personen	Einzelarbeit	Partnerarbeit	Gruppenarbeit	Plenum	Aufwand	Zeitaufwand	Seite
Kollaborativ-Texten		X					X	3	60 Min.	188
Kugellager		X	X			X	X	1	20 Min.	65
Mein Name und seine Geschichte	X	X	X				X	1	10 Min.	25
Memory-Kennenlernspiel	X	X	X				X	1	20 Min.	26
Mindmapping	X	X	X	X	X	X	X	1	10 min.	34
Mission possible	X	X	X	X			X	1	40 Min.	109
Mit Speck fängt man Mäuse	X	X	X				X	1	5 Min.	49
Ohne Ende schreiben ...	X	X	X	X			X	1	15 Min.	140
Placemat	X	X	X			X	X	2	30 Min.	63
Plakat gestalten	X	X	X		X	X		2	30 Min.	142
Popsong bearbeiten	X	X	X				X	1	60 Min.	179
Position beziehen / Vier-Ecken-Spiel		X					X	1	10 Min.	35
Postkarten-Puzzle		X	X				X	1	5 Min.	50
Pro- und Kontralisten	X	X	X	X	X		X	1	20 Min.	66
Projekt	X	X	X			X	X	3	300 Min.	132
Rakete		X	X				X	1	30 Min.	150
Rap	X	X			X	X		2	60 Min.	180
Sängerwettstreit		X	X				X	1	30 Min.	181
Schreibgespräch		X	X	X	X	X	X	1	20 Min.	38
Skulpturenbau	X	X	X			X	X	2	45 Min.	92
Social Media Wall			X				X	3	60 Min.	190

	bis 10 Personen	10–20 Personen	20+ Personen	Einzelarbeit	Partnerarbeit	Gruppenarbeit	Plenum	Aufwand	Zeitaufwand	Seite
Solo	X	X	X	X				1	30 Min.	162
Songtext neu dichten	X	X				X	X	2	60 Min.	182
Speeddating		X	X		X		X	1	30 Min.	69
Standbilder bauen	X	X				X	X	1	20 Min.	200
Stationengespräch		X	X		X	X	X	2	30 Min.	70
Streichholzreflexion		X					X	1	15 Min.	219
Stummer Impuls	X	X	X				X	1	5 Min.	39
Summograph	X	X	X				X	1	10 Min.	220
Tape Art	X	X		X	X	X		1	60 Min.	94
Texte eindampfen	X	X	X	X				2	10 Min.	143
Think-Pair-Share	X	X	X	X	X		X	1	60 Min.	73
Unterschriftensammlung		X	X				X	1	10 Min.	46
(Vor)angespielt	X	X		X	X	X	X	2	180 Min.	201
Was singst du?		X	X	X		X		2	25 Min.	206
Wasserreflexion		X					X	1	15 Min.	221
Woche gemeinsamen Lebens		X	X				X	3	7 Tage	154
Wörter raten mit Hindernissen		X	X				X	2	20 Min.	208
Zahlenstrahl	X	X	X				X	1	10 Min.	41

BIBEL	bis 10 Personen	10–20 Personen	20+ Personen	Einzelarbeit	Partnerarbeit	Gruppenarbeit	Plenum	Aufwand	Zeitaufwand	Seite
Antworten geben		X					X	1	30 Min.	194
Bibel teilen	X					X	X	1	40 Min.	134
Bibelfußball	X	X	X			X	X	1	30 Min.	202
Bibliolog	X	X	X				X	3	20 Min.	54
Bildergeschichte	X	X			X	X		2	30 Min.	135
Escape Game	X					X		3	30 Min.	149
Film drehen	X	X				X	X	2	240 Min.	185
Fünf-Finger-Methode	X	X	X			X	X	1	20 Min.	138
Gefühlskarten	X	X				X	X	1	20 Min.	217
In Bilder hineinschlüpfen	X	X				X	X	3	30 Min.	80
Ja-Nein-Rätsel	X	X					X	1	20 Min.	204
Ja-Nein-Stuhl		X	X				X	2	10 Min.	205
Kreuzweg gestalten		X	X	X	X	X		3	180 Min.	85
Minecraft/Minetest	X	X				X	X	3	90 Min.	189
Origami-Methode	X	X		X			X	1	30 Min.	141
Speakers Corner	X	X	X				X	1	15 Min.	212
Stop-Motion-Video	X	X				X	X	3	270 Min.	191
Texte um die Wette lesen		X	X			X	X	1	45 Min.	144
Textschlange		X	X				X	3	30 Min.	145
Theologisieren	X	X				X	X	1	60 Min.	71

	bis 10 Personen	10–20 Personen	20+ Personen	Einzelarbeit	Partnerarbeit	Gruppenarbeit	Plenum	Aufwand	Zeitaufwand	Seite
Västeras-Methode	X	X		X	X	X	X	1	20 Min.	146
Verswahl	X	X					X	1	15 Min.	147
Wer gewinnt die Million?	X	X	X			X	X	2	30 Min.	207
Werbeplakat gestalten		X	X			X		2	60 Min.	95
Wortwolken/Bibelclouds	X	X			X	X	X	2	60 Min.	192
Zeuge, Zweifler und ich?	X			X		X	X	1	90 Min.	115

DIAKONIE	bis 10 Personen	10–20 Personen	20+ Personen	Einzelarbeit	Partnerarbeit	Gruppenarbeit	Plenum	Aufwand	Zeitaufwand	Seite
Eine-Welt-Essen		X	X				X	3	120 Min.	156
Elektrischer Draht	X	X					X	1	20 Min.	167
Empathieübung	X	X		X	X	X	X	1	20 Min.	57
Exkursion	X	X	X				X	2	120 Min.	127
Experte als Gast		X	X				X	1	90 Min.	58
Gefühl zeigen		X	X				X	1	10 Min.	169
Gemeindepraktikum		X	X		X	X		3	480 Min.	129
Ultimatumspiel	X	X					X	1	30 Min.	123

FREUNDSCHAFT	bis 10 Personen	10–20 Personen	20+ Personen	Einzelarbeit	Partnerarbeit	Gruppenarbeit	Plenum	Aufwand	Zeitaufwand	Seite
Alle, die ...		X	X				X	1	10 Min.	22
Bildergeschichte	X	X			X	X		2	30 Min.	135
Fotostory	X	X				X		3	120 Min.	187
Gruppenjonglage		X	X				X	1	15 Min.	45
I like!	X	X	X				X	2	15 Min.	226
Kartenabfrage		X		X	X	X	X	1	30 Min.	61
Kreuzmosaik		X	X	X			X	3	60 Min.	106
Lebendes Pendel		X	X			X		1	10 Min.	172
Paracord-Armband	X	X		X				2	45 Min.	89
Rollenspiel	X	X				X		2	40 Min.	199
Unser Vertrag(en)	X	X	X	X	X	X	X	2	30 Min.	153

GEBET	bis 10 Personen	10–20 Personen	20+ Personen	Einzelarbeit	Partnerarbeit	Gruppenarbeit	Plenum	Aufwand	Zeitaufwand	Seite
Empathieübung	X	X		X	X	X	X	1	20 Min.	57
Gebetsmeditation	X	X	X				X	1	10 Min.	101
Gebetswand	X	X		X				2	10 Min.	102
Lernstationen bauen		X	X			X		1	120 Min.	161
Minecraft/Minetest	X	X				X	X	3	90 Min.	189
Werkstattgottesdienst		X	X			X	X	1	180 Min.	114

GEBOTE	bis 10 Personen	10–20 Personen	20+ Personen	Einzelarbeit	Partnerarbeit	Gruppenarbeit	Plenum	Aufwand	Zeitaufwand	Seite
Fantasiereise	X	X					X	1	15 Min.	168
Lernstraße		X	X	X	X	X	X	3	80 Min.	173
Planspiel		X	X	X		X		2	120 Min.	120
Regel-Spiel		X					X	1	15 Min.	36
Rollenspiel	X	X				X		2	40 Min.	199
Schminken	X	X			X			3	45 Min.	91

GEMEINDE	bis 10 Personen	10–20 Personen	20+ Personen	Einzelarbeit	Partnerarbeit	Gruppenarbeit	Plenum	Aufwand	Zeitaufwand	Seite
Briefdialog mit der Gemeinde		X	X	X				1	30 Min.	136
Einfühlungsspiel	X	X					X	1	30 Min.	23
Fotosafari		X	X			X	X	2	90 Min.	128
Gemeindepraktikum		X	X		X	X		3	480 Min.	129
Gruppenbalance		X	X				X	1	10 Min.	44
Lebendes Pendel		X	X			X		1	10 Min.	172
Minecraft/Minetest	X	X				X	X	3	90 Min.	189
Netzwerk der Gemeinsamkeiten		X	X				X	2	20 Min.	27
Planspiel		X	X	X		X		2	120 Min.	120
Strippen ziehen	X					X	X	2	20 Min.	122
Tauschspiel	X	X				X	X	1	90 Min.	133
Texte um die Wette lesen		X	X			X	X	1	45 Min.	144

GERECHTIGKEIT	bis 10 Personen	10–20 Personen	20+ Personen	Einzelarbeit	Partnerarbeit	Gruppenarbeit	Plenum	Aufwand	Zeitaufwand	Seite
Bildergeschichte	X	X			X	X		2	30 Min.	135
Eine-Welt-Essen		X	X				X	3	120 Min.	156
Experte als Gast		X	X				X	1	90 Min.	58
Fotostory	X	X				X		3	120 Min.	187
Inszeniertes Essen		X					X	3	80 Min.	171

	bis 10 Personen	10–20 Personen	20+ Personen	Einzelarbeit	Partnerarbeit	Gruppenarbeit	Plenum	Aufwand	Zeitaufwand	Seite
Mobile	X	X	X	X	X	X	X	3	120 Min.	88
Planspiel		X	X	X		X		2	120 Min.	120
Schlimmer geht es immer noch …		X	X	X			X	2	90 Min.	67
Steine der Herrschaft	X	X					X	1	25 Min.	151
Ultimatumspiel	X	X					X	1	30 Min.	123
Werbeplakat gestalten		X	X			X		2	60 Min.	95

GLAUBENS-BEKENNTNIS	bis 10 Personen	10–20 Personen	20+ Personen	Einzelarbeit	Partnerarbeit	Gruppenarbeit	Plenum	Aufwand	Zeitaufwand	Seite
Actionbound		X	X		X	X		3	60 Min.	184
Auswendiglernen mit verschwindendem Text	X	X	X	X			X	2	15 Min.	210
Briefdialog mit der Gemeinde		X	X	X				1	30 Min.	136
Kreuzmosaik		X	X	X			X	3	60 Min.	106
Lernstationen bauen		X	X			X		1	120 Min.	161
Perlenband für das Gebet	X	X					X	2	60 Min.	110
Speakers Corner	X	X	X				X	1	15 Min.	212
Theologisieren	X	X				X	X	1	60 Min.	71
Wertepyramide	X	X		X			X	1	30 Min.	40

GOTT	bis 10 Personen	10–20 Personen	20+ Personen	Einzelarbeit	Partnerarbeit	Gruppenarbeit	Plenum	Aufwand	Zeitaufwand	Seite
10 aus 55	X	X		X			X	2	15 Min.	30
Biografiearbeit	X	X					X	1	60 Min.	99
Getragen sein		X					X	1	20 Min.	170
Kreuzmosaik		X	X	X			X	3	60 Min.	106
Labyrinth		X	X				X	3	45 Min.	108
Landart	X	X		X	X	X	X	1	45 Min.	131
Perlenband für das Gebet	X	X					X	2	60 Min.	110
Roboterspiel		X	X				X	1	20 Min.	121
Theologisieren	X	X				X	X	1	60 Min.	71
Zuckerkreiden-Malerei	X	X	X	X				3	30 Min.	96

GOTTESDIENST	bis 10 Personen	10–20 Personen	20+ Personen	Einzelarbeit	Partnerarbeit	Gruppenarbeit	Plenum	Aufwand	Zeitaufwand	Seite
Andacht/Liturgie	X	X	X				X	2	15 Min.	98
Gebetswand	X	X		X				2	10 Min.	102
Ideenwettbewerb		X	X			X	X	1	20 Min.	118
Kerzen gestalten	X	X		X	X			3	60 Min.	105
Stationengottesdienst		X	X	X			X	2	60 Min.	112
Stuhl gestalten	X	X		X				3	120 Min.	93
Werbeplakat gestalten		X	X			X		2	60 Min.	95
Werkstattgottesdienst		X	X			X	X	1	180 Min.	114

GRUPPE	bis 10 Personen	10–20 Personen	20+ Personen	Einzelarbeit	Partnerarbeit	Gruppenarbeit	Plenum	Aufwand	Zeitaufwand	Seite
Abschiedskette		X	X				X	1	5 Min.	222
Ausbruchversuch		X	X				X	1	15 Min.	42
Die Jagd auf den Unbekannten		X	X			X		1	120 Min.	126
Die Werwölfe von Düsterwald®		X	X				X	1	60 Min.	148
Eine-Welt-Essen		X	X				X	3	120 Min.	156
Elektrischer Draht	X	X					X	1	20 Min.	167
Extrem-Erklären		X	X			X	X	2	120 Min.	117
Flussüberquerung		X					X	1	30 Min.	158
Gala-Abend		X	X				X	3	120 Min.	225

	bis 10 Personen	10–20 Personen	20+ Personen	Einzelarbeit	Partnerarbeit	Gruppenarbeit	Plenum	Aufwand	Zeitaufwand	Seite
Gefühlskarten	X	X				X	X	1	20 Min.	217
Gordischer Knoten		X	X				X	1	15 Min.	160
Gruppenbalance		X	X				X	1	10 Min.	44
Gruppenjonglage		X	X				X	1	15 Min.	45
I like!	X	X	X				X	2	15 Min.	226
In Bilder hineinschlüpfen	X	X				X	X	3	30 Min.	80
Karaoke	X	X		X			X	2	45 Min.	178
Lebendes Pendel		X	X			X		1	10 Min.	172
Mobile	X	X	X	X	X	X	X	3	120 Min.	88
Netzwerk der Gemeinsamkeiten		X	X				X	2	20 Min.	27
People Bingo		X	X				X	1	20 Min.	28
Regel-Spiel		X					X	1	15 Min.	36
Steine der Herrschaft	X	X					X	1	25 Min.	151
Stühle balancieren		X	X				X	1	15 Min.	152
Tanz		X	X				X	1	15 Min.	183
Tauschspiel	X	X				X	X	1	90 Min.	133
Unser Vertrag(en)	X	X	X	X	X	X	X	2	30 Min.	153
Wäscheklammer-Spiel		X	X				X	1	10 Min.	47
Wasserbombenvolleyball		X	X				X	2	120 Min.	124
Wege auf dem A zurücklegen		X					X	2	45 Min.	165

HEILIGER GEIST	bis 10 Personen	10–20 Personen	20+ Personen	Einzelarbeit	Partnerarbeit	Gruppenarbeit	Plenum	Aufwand	Zeitaufwand	Seite
10 aus 55	X	X		X			X	2	15 Min.	30
Ja-Nein-Stuhl		X	X				X	2	10 Min.	205
Lightpainting	X	X	X			X	X	3	80 Min.	86

IDENTITÄT	bis 10 Personen	10–20 Personen	20+ Personen	Einzelarbeit	Partnerarbeit	Gruppenarbeit	Plenum	Aufwand	Zeitaufwand	Seite
Biografiearbeit	X	X					X	1	60 Min.	99
Brief an mich selbst	X	X	X	X				2	25 Min.	223
Einfühlungsspiel	X	X					X	1	30 Min.	23
Empathieübung	X	X		X	X	X	X	1	20 Min.	57
Fantasiereise	X	X					X	1	15 Min.	168
Fotostory	X	X				X		3	120 Min.	187
Fußspuren	X	X	X	X		X		1	30 Min.	78
Gefühl zeigen		X	X				X	1	10 Min.	169
In Bilder hineinschlüpfen	X	X				X	X	3	30 Min.	80
Inszenierte Miniatur-Fotografie	X	X	X	X		X		3	90 Min.	82
Kisten bauen	X	X	X	X		X		3	60 Min.	83
Labyrinth		X	X				X	3	45 Min.	108
Landart	X	X		X	X	X	X	1	45 Min.	131
People Bingo		X	X				X	1	20 Min.	28

	bis 10 Personen	10–20 Personen	20+ Personen	Einzelarbeit	Partnerarbeit	Gruppenarbeit	Plenum	Aufwand	Zeitaufwand	Seite
Scherenschnitt		X			X			2	60 Min.	90
Schminken	X	X			X			3	45 Min.	91
Stuhl gestalten	X	X		X				3	120 Min.	93
Umriss	X	X				X	X	2	60 Min.	113
Wertepyramide	X	X		X			X	1	30 Min.	40

JESUS CHRISTUS	bis 10 Personen	10–20 Personen	20+ Personen	Einzelarbeit	Partnerarbeit	Gruppenarbeit	Plenum	Aufwand	Zeitaufwand	Seite
10 aus 55	X	X		X			X	2	15 Min.	30
Fußspuren	X	X	X	X		X		1	30 Min.	78
Kartenabfrage		X		X	X	X	X	1	30 Min.	61
Kreuzmosaik		X	X	X			X	3	60 Min.	106
Kreuzweg gestalten		X	X	X	X	X		3	180 Min.	85
Texte um die Wette lesen		X	X			X	X	1	45 Min.	144
Zeuge, Zweifler und ich?	X			X		X	X	1	90 Min.	115

KIRCHE	bis 10 Personen	10–20 Personen	20+ Personen	Einzelarbeit	Partnerarbeit	Gruppenarbeit	Plenum	Aufwand	Zeitaufwand	Seite
10 aus 55	X	X		X			X	2	15 Min.	30
Actionbound		X	X		X	X		3	60 Min.	184
Briefdialog mit der Gemeinde		X	X	X				1	30 Min.	136
Extrem-Erklären		X	X			X	X	2	120 Min.	117
Gemeindepraktikum		X	X		X	X		3	480 Min.	129
Inszenierte Miniatur-Fotografie	X	X	X	X		X		3	90 Min.	82
Kerzen gestalten	X	X		X	X			3	60 Min.	105
Pilgerschritt		X	X				X	1	10 Min.	111
Post-it®-Fragen		X	X	X			X	1	30 Min.	65
Stuhl gestalten	X	X		X				3	120 Min.	93
Wertepyramide	X	X		X			X	1	30 Min.	40

KONFIRMATION	bis 10 Personen	10–20 Personen	20+ Personen	Einzelarbeit	Partnerarbeit	Gruppenarbeit	Plenum	Aufwand	Zeitaufwand	Seite
Brief an mich selbst	X	X	X	X				2	25 Min.	223
Ideenwettbewerb		X	X			X	X	1	20 Min.	118
Lightpainting	X	X	X			X	X	3	80 Min.	86
Ultimatumspiel	X	X					X	1	30 Min.	123
Umriss	X	X				X	X	2	60 Min.	113
Werbeplakat gestalten		X	X			X		2	60 Min.	95

LIEBE	bis 10 Personen	10–20 Personen	20+ Personen	Einzelarbeit	Partnerarbeit	Gruppenarbeit	Plenum	Aufwand	Zeitaufwand	Seite
Fotostory	X	X				X		3	120 Min.	187
Stop-Motion-Video	X	X				X	X	3	270 Min.	191
Tanz		X	X				X	1	15 Min.	183
Zuckerkreiden-Malerei	X	X	X	X				3	30 Min.	96

RELIGIONEN	bis 10 Personen	10–20 Personen	20+ Personen	Einzelarbeit	Partnerarbeit	Gruppenarbeit	Plenum	Aufwand	Zeitaufwand	Seite
Exkursion	X	X	X				X	2	120 Min.	127
Experte als Gast		X	X				X	1	90 Min.	58
Satzanfänge vollenden	X	X		X			X	2	20 Min.	37
Texte um die Wette lesen		X	X			X	X	1	45 Min.	144
Theologisieren	X	X				X	X	1	60 Min.	71
Wer gewinnt die Million?	X	X	X			X	X	2	30 Min.	207

RITUALE

RITUALE	bis 10 Personen	10–20 Personen	20+ Personen	Einzelarbeit	Partnerarbeit	Gruppenarbeit	Plenum	Aufwand	Zeitaufwand	Seite
Abschiedskette		X	X				X	1	5 Min.	222
Fantasiereise	X	X					X	1	15 Min.	168
Gebetsmeditation	X	X	X				X	1	10 Min.	101
Gegenstandsandacht	X	X	X	X			X	1	5 Min.	103
Hindurchfließender Segen		X	X				X	1	5 Min.	104
Kreuzsegen			X				X	1	5 Min.	107
Perlenband für das Gebet	X	X					X	2	60 Min.	110
Stille	X	X					X	1	5 Min.	174

SCHÖPFUNG

SCHÖPFUNG	bis 10 Personen	10–20 Personen	20+ Personen	Einzelarbeit	Partnerarbeit	Gruppenarbeit	Plenum	Aufwand	Zeitaufwand	Seite
Fantasiereise	X	X					X	1	15 Min.	168
Fotosafari		X	X			X	X	2	90 Min.	128
Gebetsmeditation	X	X	X				X	1	10 Min.	101
Geocaching		X	X			X		3	90 Min.	159
Kreuzmosaik		X	X	X			X	3	60 Min.	106
Landart	X	X		X	X	X	X	1	45 Min.	131
Scherenschnitt		X			X			2	60 Min.	90
Theologisieren	X	X				X	X	1	60 Min.	71

SEGEN	bis 10 Personen	10–20 Personen	20+ Personen	Einzelarbeit	Partnerarbeit	Gruppenarbeit	Plenum	Aufwand	Zeitaufwand	Seite
Hindurchfließender Segen		X	X				X	1	5 Min.	104
Kreuzsegen			X				X	1	5 Min.	107
Labyrinth		X	X				X	3	45 Min.	108

STERBEN UND TOD	bis 10 Personen	10–20 Personen	20+ Personen	Einzelarbeit	Partnerarbeit	Gruppenarbeit	Plenum	Aufwand	Zeitaufwand	Seite
Fotosafari		X	X			X	X	2	90 Min.	128
Fotostory	X	X				X		3	120 Min.	187
Kisten bauen	X	X	X	X		X		3	60 Min.	83
Kreuzweg gestalten		X	X	X	X	X		3	180 Min.	85
Landart	X	X		X	X	X	X	1	45 Min.	131
Pilgerschritt		X	X				X	1	10 Min.	111
Theologisieren	X	X				X	X	1	60 Min.	71

TAUFE	bis 10 Personen	10–20 Personen	20+ Personen	Einzelarbeit	Partnerarbeit	Gruppenarbeit	Plenum	Aufwand	Zeitaufwand	Seite
Biografiearbeit	X	X					X	1	60 Min.	99
Getragen sein		X					X	1	20 Min.	170
Landart	X	X		X	X	X	X	1	45 Min.	131
Lernstraße		X	X	X	X	X	X	3	80 Min.	173

THEODIZEE	bis 10 Personen	10–20 Personen	20+ Personen	Einzelarbeit	Partnerarbeit	Gruppenarbeit	Plenum	Aufwand	Zeitaufwand	Seite
Eine-Welt-Essen		X	X				X	3	120 Min.	156
Roboterspiel		X	X				X	1	20 Min.	121
Schlimmer geht es immer noch ...		X	X	X			X	2	90 Min.	67
Theologisieren	X	X				X	X	1	60 Min.	71

VERTRAUEN	bis 10 Personen	10–20 Personen	20+ Personen	Einzelarbeit	Partnerarbeit	Gruppenarbeit	Plenum	Aufwand	Zeitaufwand	Seite
Blind sein	X	X			X			1	30 Min.	166
Die Werwölfe von Düsterwald®		X	X				X	1	60 Min.	148
Einfühlungsspiel	X	X					X	1	30 Min.	23
Empathieübung	X	X		X	X	X	X	1	20 Min.	57
Fantasiereise	X	X					X	1	15 Min	168
Fotostory	X	X				X		3	120 Min.	187
Getragen sein		X					X	1	20 Min.	170
I like!	X	X	X				X	2	15 Min.	226
Lebendes Pendel		X	X			X		1	10 Min.	172
Lernstationen bauen		X	X			X		1	120 Min.	161
Unser Vertrag(en)	X	X	X	X	X	X	X	2	30 Min.	153
Vertrauenslauf – Schilfmeerdurchquerung		X	X			X	X	1	30 Min.	163
Wege auf dem A zurücklegen		X					X	2	45 Min.	165

Die Autorin und die Autoren

Dr. Thomas Ebinger ist Pfarrer und Dozent für Konfirmandenarbeit am Pädagogisch-Theologischen Zentrum der Evang. Landeskirche in Württemberg (ptz). Er hat selbst jahrelang mit Konfis gearbeitet, bildet Vikare/Vikarinnen aus und begleitet sie in ihren ersten Unterrichtserfahrungen mit Konfis. Unter www.thomas-ebinger.de betreibt er einen eigenen Blog zu verschiedenen Themen rund um Kirche und Konfiarbeit.

Judith Haller ist Pfarrerin und Studienassistentin am Pädagogisch-Theologischen Zentrum der Evang. Landeskirche in Württemberg (ptz). Dort ist sie in der Ausbildung von Vikaren/Vikarinnen im Bereich Religionsunterricht und der Arbeit mit Konfirmanden und Konfirmandinnen tätig. Außerdem unterrichtet sie an einer Berufsschule und hat dort reichlich Gelegenheit, diverse Methoden live zu erproben.

Stephan Sohn ist Religions- und Gemeindepädagoge, Diakon sowie Erlebnispädagoge und als Jugendreferent im Kirchenbezirk Heilbronn tätig. Er ist nicht nur ständig mit Jugendlichen unterwegs, sondern bildet sie auch als Mitarbeiter/Mitarbeiterinnen aus und hat dafür schon viel ausgearbeitet, was in dieses Buch eingegangen ist.

buch+
musik

Christopher May
Farbe bekennen
Zeig, was du denkst!

80 Karten in Stülpdeckelbox, 8 x 12,8 cm, mit Anleitung

Um über einen Text ins Gespräch zu kommen und die verschiedenen Meinungen zu verknüpfen, erhält jeder Karten mit Aussagen wie „Hä?" oder „Alles klar!". So entwickelt sich ein interessantes Gespräch, zu dem alle etwas beitragen können. Farbe bekennen funktioniert mit jedem Text.

Ulrich Graf, Wolfgang Ilg
Sinnbildbox
60 Bildmotive, die tiefer blicken lassen – für Gespräche nicht nur in der Schüler-, Konfi- und Jugendarbeit

60 Karten (DIN A6), 32-seitiges Begleitheft, in Stülpdeckelbox (15,5 x 11 x 3 cm)

Die 60 ausdrucksstarken, symbolreichen und doch deutungsoffenen Motive lassen sich mit Fragen nach Sinn, Gefühlen und Werten, aber auch „leichten" Themen des Lebens und Glaubens verbinden. Ein Begleitheft schlägt zu jedem Motiv Assoziationen vor und enthält Anregungen für den Einsatz.

Christoph Müller, Katharina Renken (Hg.)
Praystation
99 Gebetsstationen für die Arbeit mit Jugendlichen und in der Gemeinde

192 Seiten, 12 x 19 cm, kartoniert

In Praystation sind 99 praxiserprobte Gebetsstationen zu verschiedenen Themen gesammelt, die helfen, in der christlichen Jugend- und Gemeindearbeit Orte der Begegnung mit Gott zu schaffen. Mit thematischer Kurzbeschreibung, Anleitung zur Umsetzung und Textvorlage für die Station.

buch+
musik

ejw-service gmbh
Haeberlinstraße 1–3
70563 Stuttgart-Vaihingen

Tel.: 0711 9781 - 410
Fax: 0711 9781 - 413

buchhandlung@ejw-buch.de
www.ejw-buch.de